学級経営が主役の カリキュラム・マネジメント

キャリア意識を育むコラボレーション授業の実践

阿部隆幸・菊地南央 著

Collaboration
Communication
Creativity

Plan
Do
Check
Action

G学事出版

はじめに

　研究授業等で子どもたち主体のよりよい授業を目の当たりにすると、必ずと言っていいほど「素晴らしい学級経営ですね」という誰かの発言を耳にします。近年はこの「よりよい授業」と「素晴らしい学級経営」との関係がより密接になってきています。それは、「アクティブ・ラーニング」や「主体的・対話的で深い学び」に代表されるように、学校教育の考え方が**指導者中心から学習者中心に移行してきている**からです。

　子どもの主体性を促し、授業を含め学校生活の多くの場面を子どもたちの裁量に任せるとなった時、浮き彫りになるのが学級内の「子どもたちの関係性」や「ルール（決まりごと）」や「目標」などです。しかもこれらは特定の教科や場面だけでなく、学級生活全体に染みわたっていきます。これらをその場しのぎで考えていくと大変なことになります。今までなんとなく感じていた**「よりよい授業」と「素晴らしい学級経営」との関係を今後はしっかりと意識する必要がある**のです。

　そこで私たちが提案するのが「学級経営を主役にしたカリキュラム・マネジメント」です。「学級経営（の目標）」と「カリキュラム・マネジメント」を結びつけて考えると大きく二つの視点が見えます。

　一つは「学級経営からの視点」です。どの学校生活、どの教科の授業場面でも「（学級経営を具現化させる）学級目標」を意識して指導したり、支援したりすることで筋の通った学習活動を展開できます。子どもたちには「何か困ったことがあればここに立ち戻ってくるんだよ」と確認しておけば良いのです。

　二つは「授業運営からの視点」です。「（学級経営を具現化させる）学級目標」を意識することで「（テスト）学力」を上げるその先を目指すことができます。Society5.0が掲げられAIやロボット社会が予期されるいま、教育者としては子どもたちにテストの点数を上げるその先である「幸せな生活を送

ることのできるライフスタイル」を指し示してあげたいと思っている方も多いはずです。

　本書は「ケイエイ・カリマネシート」という１枚のシートに「学級経営を主役にしたカリキュラム・マネジメント」の見取り図を書き出して考え方を説明しています。今まで当たり前に「学級経営」を中心に授業運営を展開していた方はいらっしゃったと思いますが、誰もがイメージできる形で提案しているものは本書が初めてだと思います。

　このように、シートを提案すると心配なのが「方法」や「やり方」「手順」ばかりが注目されることです。本を参考に試してはみたけれど、本に書かれている通りに子どもたちが育ったのか、効果があったのかわからないと言われることがあります。

　目的と方法はセットです。この二つをつなぐことで初めて効果がわかります。そこで目的や背景がわかる第１章と第２章の「理論編」、詳しく方法がイメージできる第３章と第４章の「実践編」、「理論」と「実践」の間を埋める第５章の「対談」を用意しました。

　そして、本書のもう一つの大きな目玉は「キャリア教育」と「コラボレーション授業」です。この二つを加えてこそ本書の完成になります。

　「学級経営」の視点から「学級目標」を考える際、今後の社会要請や社会状況を考えると「キャリア教育」を組み合わせることが一つの大きな流れになると考えます。その「キャリア教育」の実際を展開する授業が「コラボレーション授業」です。今までにない新しい提案です。ぜひ本書を詳しくお読みください。

　本書で提示した考え方とやり方が少しでも世に広まり、子どもたちが幸せになることに貢献できるよう祈っています。皆さんぜひ、一緒に実践研究をしてみませんか。

2019年１月　阿部隆幸

学級経営が主役のカリキュラム・マネジメント
キャリア意識を育むコラボレーション授業の実践　もくじ

はじめに……2

第1章　学級経営が主役のカリキュラム・マネジメントの考え方、進め方……7

1　こんな授業展開って楽しそうでしょ……8
2　カリキュラム・マネジメントの必要性と現状、そしてこれから……10
3　学級経営とカリキュラム・マネジメント……13
4　「ケイエイ・カリマネシート」の見方、考え方、作り方……15
5　学級経営とキャリア教育……21
6　学級経営とコラボレーション授業……26

第2章　キャリア意識を育むコラボレーション授業とは……29

1　外部講師を招いた授業の先行事例……30
2　コラボレーション授業とは（コラボレーション授業の魅力）……32
3　授業に三つのCが存在すること……32
4　コラボレーション授業後のリフレクションを行うこと……37
5　コラボレーション授業とキャリア形成の関係……38

第3章　学級経営が主役のカリキュラム・マネジメントの実際
～コラボレーション授業と日常生活での取り組み～……41

コラボレーション授業の実践事例 1
食べて元気に！～食育モンスターで学ぼう～……42

コラボレーション授業の実践事例 2
イタリアンシェフと一緒にハンバーグ定食を作ろう！……52

コラボレーション授業の実践事例 3
自分の意見を新聞に投書しよう！……62

コラボレーション授業の実践事例 4
語りつなぐ　ふるさと新殿……72

日常生活での取り組み 1
学級生活向上プロジェクト会議……82

日常生活での取り組み 2
係活動……88

プロジェクト活動から生まれた日常生活での取り組み 1
会話のプロフェッショナル……94

プロジェクト活動から生まれた日常生活での取り組み 2
6つのこころ・目指せ！礼儀マスター……97

第4章　キャリア意識を育むコラボレーション授業導入マニュアル……101

1　1年に10回もコラボレーション授業を開くことができるコツ……102

2　見通しを持つ……102
　3　協力してくださる外部人材を探す……103
　　（1）社会に出る……103
　　（2）探す・つながる……104
　　（3）協働する……106
　　（4）コミュニケーション……107
　4　コラボレーション授業を行う際の注意点……109
　　（1）出口まで明確に示して伝える……109
　　（2）はじめは小さく……109
　　（3）無理に広げない、引き継がせない……110
　　（4）おすそ分けする……111
　　（5）協力者のメリットも考える……111
　5　地域の方が、誇れる学校を……112

第5章　対談　幸せなライフスタイルを築くために学校教育ができることとは何か
　〜学級経営が主役のカリキュラム・マネジメントの実践から考える〜……113

学級経営で大切なこと……114
学級経営とカリキュラム・マネジメント……121
コラボレーション授業という発想……129
日常生活の中でのプロジェクト活動という発想……133
キャリア形成に向けて……139

おわりに……142

第1章

学級経営が主役のカリキュラム・マネジメントの考え方、進め方
（阿部隆幸）

1 こんな授業展開って楽しそうでしょ

次のようなことを想像してみてください。

勤務校区に県外からも訪れる有名なしだれ桜の木があります。春になると地区の人口が倍増する勢いで観光客が押し寄せます。学年始めはこの桜の木を中心に授業を展開することにしました。

まずは、見学して桜の絵を描きます。次に桜を見に来てくださる観光客に桜とこの地域の印象を尋ねます。加えて桜を管理されている方々へも桜への思いを尋ねます。

すぐ近くに道の駅がありますので、そこにも見学に行きます。道の駅には、ピザ釜がありますので、ピザつくり体験をさせてもらいました。お店の人との会話の中で、「実は今、この地域に適したピザの新メニューを考えているところなので、子どもたちと共にアイデアを考えていきたい」という話になりました。そして、道の駅内を見て回ります。そこで販売している地域の野菜や果物には出荷された方の名前が書いてあることに気づきます。子どもたちも知っている方が何人かいます。後日、道の駅とのつながりや地域の野菜を育てて販売することの意味や気持ちなどについてイ

ンタビューをお願いすることが決まりました。学校に戻ったら、桜の木をテーマに俳句か詩、4コマ漫画で表そうと思っています。そして、これらの実践したことや完成作品を劇にしたり、ウェブで発表したり、新聞に投書してみたりして社会に向けて表現するつもりです。

　これまでは、近辺にすてきな場所があったり、頭の中に楽しいアイデアがあったりしても、固定的な教育計画のイメージが邪魔をして学校の教育活動では実現しにくい環境にあったかもしれません。しかし、新しい学習指導要領を上手に活用することで上記のようなダイナミックな教育活動が可能です。

　そして、これらの教育活動を展開する際、大切になるのが、本書で取りあげる「**学級経営**」「**キャリア教育**」「**コラボレーション授業**」「**カリキュラム・マネジメント**」であり、これら4つの考え方を有機的につなげていくことです。

　第1章、第2章ではこれらの考え方を有機的につなげていく道筋を理論的に説明します。第3章では授業の姿を通して具体的に紹介します。第4章では本書で最も具体的に語られている「コラボレーション授業」の作り方を説明します。最後の第5章では第1章から第4章では説明できなかった理論や実践の背景を対談で語ります。

　一見すると独立しているように見える4つの考え方の有機的なつながりを理解することで最初に紹介した「桜の木」にまつわる授業のような実践がすんなりとできるようになります。本書では視覚的に実践しやすいように「**カリマネ・ケイエイシート**」（後掲）や「**アクティブ・ラーニングデザインシート**」の紹介もしています。第1章・第2章の理論編からでも、第3章の実践編からでもお好きなところからお読みください。

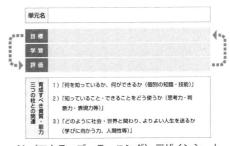

AL（アクティブ・ラーニング）デザインシート
※ Wordファイルは、以下からダウンロードできます。
http://www.abetaka.jp/alsheet.docx

2　カリキュラム・マネジメントの必要性と現状、そしてこれから

　2020年の小学校学習指導要領の完全実施に向けて学校現場は今、混乱していることと思います。2018年度から実施が始まった「特別の教科　道徳」を皮切りに、「小学校外国語」の教科化、プログラミング教育の導入などにより、「指導内容の増加」という「横幅」の問題と「指導量の増加」という「縦幅」の問題をかかえることになりました。

　そこで、必要になってくる考え方が**カリキュラム・マネジメント**です。カリキュラム・マネジメントの考えが前提で今の問題が生じているのか、今の問題が生じたからカリキュラム・マネジメントなのかは、脇へ置いておくとして、カリキュラム・マネジメントの考え方を着実に導入していかないと学校の教育活動が立ちゆかなくなる心配があります。

　一方、新学習指導要領が告示され、「主体的・対話的で深い学び」と「カリキュラム・マネジメント」が大きく取りあげられてからは、巷ではこれらの名前が入った書籍が数多く出版されるようになりました。本書もその一つということにはなりますが、「学級経営」と「カリキュラム・マネジメント」を結びつけているところに本書の特長があります。

　さて、カリキュラム・マネジメントですべきことは次の三つです[1]。

1．各教科等の教育内容を相互の関係で捉え、学校の教育目標を踏まえた教科横断的な視点で、その目標の達成に必要な教育の内容を組織的に配列していくこと。
2．教育内容の質の向上に向けて、子供たちの姿や地域の現状等に関する調査や各種データ等に基づき、教育課程を編成し、実施し、評価し

て改善を図る一連の PDCA サイクルを確立すること。
　3．教育内容と、教育活動に必要な人的・物的資源等を、地域等の外部の資源も含めて活用しながら効果的に組み合わせること。

　これらを、田村学氏は簡潔に①カリキュラム・デザインの側面、② PDCA サイクルの側面、③内外リソース活用の側面としています。[2]
　かつて、カリキュラム・マネジメントとは、管理職だけが行う響きをもっていましたが、上の中教審の文章を読むと、学校の教職員全体で取り組むものであり、特に学級担任が主に参加していかなければならないものとおわかりいただけると思います。
　さて、その視点で、今現在行われているカリキュラム・マネジメントの実態をみますと、大きく二つに分けられるのではないかとみています。
　一つは、今までの考えが色濃く残り、管理職中心にカリキュラム・マネジメントを進めようと考えている学校です。そういった学校では、学校教育目標をどうするかといった話し合いや、学校教育目標を中心としたグランド・デザインを作成する話し合いに重きが置かれ、それらが完成した時点で「各自、カリキュラム・マネジメントの考えを大切に頑張ってください」といった感じで進める形です。二つは、各学年で縦軸が各教科等、横軸が月日、そしてその中に実施単元名を書いた表（図1）を持ち寄り、教科横断的に行えそうな単元同士を矢印で結ぶ作業を行う形です。
　これらは（もしかしたら、新学習指導要領の本格実施前だからかもしれませんが）、文部科学省がやりなさいというから（仕方なく）やっている感じにしかみえません。かつて、上がやりなさいというからやったという事実をつくるために形だけはやったというものを学校現場で何度も目にしてきました。そして、形を整えただけでなんとかやり過ごすことができました。
　しかし、今回は「やり過ごす」ことなどできません。その理由は大きく二

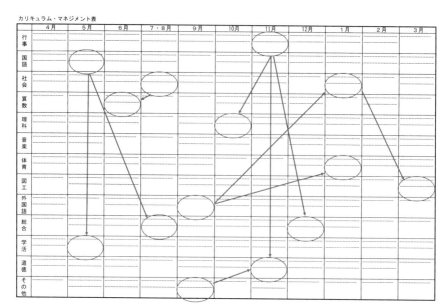

図1　カリキュラム表の一例

つ指摘できます。

　一つは、本項の最初に書いた物理的な理由です。内容的にも量的にも学校教育内で取り扱うことが増えたにも関わらず時数は減っていないわけです。現場で上手に対応するしかありません。

　二つは、教育に関わる使命感としてです。文部科学省が掲げるSociety 5.0[3]を代表として、急激に社会構造が変化しています。予測困難な社会を生き抜く子どもたちの将来に関わる職業としての自負と誇りをもって、カリキュラム・マネジメントの考え方を積極的に効果的に進めていく必要があります。楽しみがあります（楽しみと思うことが大切です）。

3 学級経営と　　　　　　　　カリキュラム・マネジメント

　すでに、現場の中で積極的にカリキュラム・マネジメントに取り組んでいる実践者の多くは、特定の教科等を中核に据えて展開しているようです。この考え方は、とてもよくわかります。例えば、図１のように年間の全教科等のカリキュラムを見て、それぞれに関連のある単元を結びつけたとして「だから何？」で終わってしまう可能性は大きいです。しかし、あることを１年間など長期にわたって進めていくのであれば、特定の教科等を中核に据えて展開することは、絵に描いた餅にならず、実際に展開する上でとても現実的だと思います。その場合、中核にはどの教科等をもっていきましょうか。それぞれの教師がそれぞれに思い入れのある教科等、得意な教科等があるでしょうから、それを中核にもっていきたいと考える場合も多いでしょう。実際、力のある教師は自分の得意教科等で展開できるかもしれません。しかし、多くはもともと教科横断的な色合いが濃い生活科だったり、総合的な学習の時間だったりを中核にもってくる場合がほとんどです。確かにこれが無難な着地点だと思います。（ただし、これは特定の教科等をカリキュラム・マネジメントを推し進める際の中核に据えた場合です。）

　ここで提案します。カリキュラム・マネジメントを推し進める中核に「教科等」を置くことをやめましょう。教科等という実態のある枠（フレーム）を置いてしまうと実際にカリキュラム・マネジメントを進めていくときに息苦しくなります。代わりに、枠を自由に飛び越えることができる「観（かん）」を中核に据えることを提案します。

　もう少し具体的に言うと、**各担任教師の「学級経営観」をカリキュラム・マネジメントを推し進める中核に据える**ということです。こうすることで見

える景色が一変します。

白松賢氏は、学級経営に関わる内容をわかりやすく図示したものとして右のような図を提示しています[4]。

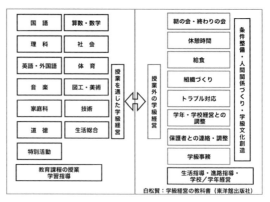

図2　学級経営の範囲

白松賢氏は、学級経営は「学校における全ての時間を通じておこなわれるもの」と指摘していますが、その場合、「どの教科の何という単元とどの教科の何という単元を結びつけて……」というようなことを考える必要がなく、その年度における各担任の学級経営観を言語化し、目標と評価を明確にしておけば、教科教育を含めた授業においても、授業外においても、学級経営観と関係づけたカリキュラム・マネジメントを展開できると考えます。

さらに具体的に言うと、勤務する学校の「教育目標」や「グランドデザイン」をもとにして「学級経営誌」等に各担任が考える「学級の目指す姿（学級目標）」を書くと思いますが、その**「学級の目指す姿（学級目標）」をカリキュラム・マネジメントの中核に据える**ということです。

さて、「教育目標」や「グランドデザイン」から「学級目標」に下ろしていく考えは、何ら新しいものではなく、ずっと何年も前から行ってきたことだと指摘する方もいることでしょう。そうです。確かに行ってきました。私は平成元年に小学校教員になっていますが、その頃から私が提案するような「作業」は行っていたと思います。しかし、それらは「作成しなさい」と決められたから、命じられたから行っていた一連の「作業」だったのではないでしょうか。

「学級経営誌」のようなものに「学級目標」を年度始めに書いて管理職に提出して終わり……ということがほとんどだったのではないでしょうか。担任が作成した「学級目標」をいかに具現化して、その都度評価して、また新たに進んでいくというような実際の取り組みはどの程度行ってきたでしょうか。

私たちは一見、この「今まで当たり前にやってきた」と思われる「作業」を「目標と学習と評価を一体化」させた「視覚化（見える化）」できる「積極的な活動」に転化することで、無理のないカリキュラム・マネジメントが実現できることを提案します。それには、私たちが提案する**「ケイエイ・カリマネシート」**を活用することがヒントになります。

4 「ケイエイ・カリマネシート」の見方、考え方、作り方

「ケイエイ・カリマネシート」を作成するきっかけは、赤坂真二氏の「ステーション授業」にあります。赤坂氏は次のように書いています[5]。

「実に複雑で多様な内容、活動から構成される学級生活では、計画したこと以外にも突発的なことがどんどん起こります。そんななかで、人間関係づくりを、思いついたように途切れ途切れでやるのでは、継続的な働きかけになりません。つまり、変容は訪れないということです。そこで、学級づくりのための授業群を、学級生活に背骨を通すような感覚で実施していきます」

この考え方をもとにして、「北海道伊達市立平成21年度研究紀要」[6]を参考に作成したシートが「ケイエイ・カリマネシート」と私たちが名づけたシートです。「ケイエイ・カリマネシート」の書き方を記した図（図3）と「ケイエイ・カリマネシート」に、実際に記述した図（図4）を次頁に載せました。これからの説明は、図と照らし合わせながら読んでいただくと、わかりやすいかと思います。

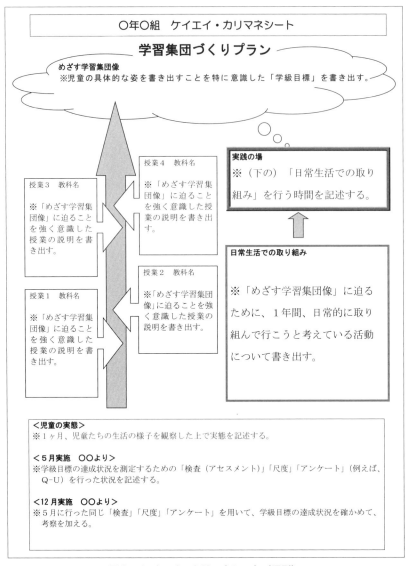

図3　ケイエイ・カリマネシート（原型）

　また、第3章の「学級経営が主役のカリキュラム・マネジメントの実際」では、「ケイエイ・カリマネシート」の記入例を紹介し、この考えをもとに進

第1章　学級経営が主役のカリキュラム・マネジメントの考え方、進め方

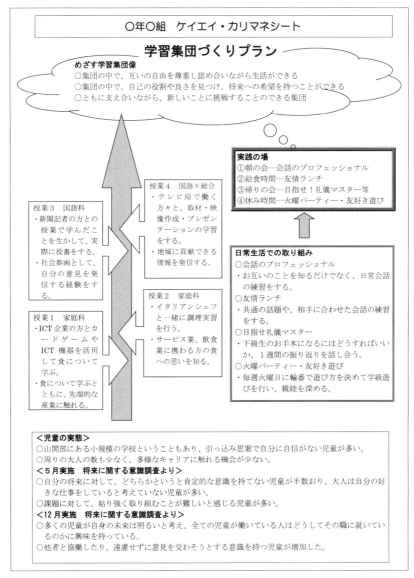

図4　ケイエイ・カリマネシート（記入例）

めていった菊地南央学級の詳細な様子を記しています。第3章を読み進める中で、「ケイエイ・カリマネシート」の意味と役割はおわかりいただけると思

います。ここでは、「ケイエイ・カリマネシート」の基本的な考え方と作成の仕方を説明していきます。「ケイエイ・カリマネシート」は以下のように大きく４つの部分に分けられています。

> （１）めざす学習集団像　　（２）児童の実態
> （３）日常生活での取り組み　（４）授業

部分ごとに説明を加えていきましょう。

（１）めざす学習集団像

シートの上部に位置するのが「めざす学習集団像」です。ここに、「学校教育目標」や「グランドデザイン」から学級に下ろしてきた「学級経営目標」を書きます。より具体的な子どもたちの姿をイメージして書けるとよいという思いをもって「めざす学習集団像」という名称にしています。「学級経営目標」がもともと具体的な表現になっているのでしたら、それでよいでしょうし、少し抽象的な記述でしたらここに書く段階で子どもたちの姿がイメージしやすい記述に変えるとよいと思います。

（２）児童の実態

児童の実態の部分は、「児童の実態」「５月実施〇〇より」「12月実施〇〇より」の三つから成り立っています。

まず「児童の実態」です。子どもたちと出会い、約１ヶ月を過ごした頃（５月始め）に書くことを想定しています。１ヶ月も過ぎれば、子どもたちの緊張もほどけ、本来の姿が見られる頃です。日々のエピソードを記録していき、学級集団としての傾向を短くまとめます。

次に「５月実施〇〇より」と「12月実施〇〇より」です。ここには、「めざす学習集団像」にどれだけ迫ることができたかを図る指標となるアセスメントの結果を書き入れます。アセスメントと仰々しく書きましたが、１年の始め（５月頃）と終わり（12月頃）に変化を測ることができる同じ調査を行う

ということです。調査方法はいろいろと考えられるでしょうが、基本的に「めざす学習集団像」を測定できる質問紙調査でよいと思います。一般に出回っているものでしたら、Q-U[7]やアセス[8]があります。

　また、学会等で認定されている「尺度」を使うのも一つの方法です。例えば、「めざす学習集団像」に「自己効力感を向上させたい」という願いを書いたのだとすれば、「自己効力感尺度[9]」というものを学年始めと終わりに使ってみれば、その変容を見ることができます。「尺度」というと学問研究の領域のように敷居が高そうだと思う人もいるかもしれませんが、そんなことはありません。確かに「尺度」を開発するには厳密な研究の作法を用いないといけませんが、できあがった「尺度」を用いるのであれば自由に行えます。基本的には、「質問紙調査（アンケート調査）」です。子どもたちに配布して記入してもらうだけでいいわけです。

　例えば、自尊感情について調査したい時、インターネットの検索サイトで「自尊感情　尺度」というように入力して調べます。たくさんのサイトが出てくるはずです。このように「〇〇〇〇尺度」とすれば、いろいろと出てくるわけです。また、市販の書籍の中に収められている「〇〇チェックリスト」や吟味して作成した自作のアンケートでも最終的にはいいかもしれません。

　大切なのは、子どもたちの変容を確かめられるということです。もちろん、これらのアセスメントがどこまで「信頼性」「妥当性」に耐えうるものなのかは本来、大切なことです。しかし、それ以上に、これまで「KKD（勘、経験、度胸）の学習・生徒指導」[10]に頼り切ってきた学校現場は今、行っている教育活動を第三者に納得してもらえるように、子どもたちが変容したというエビデンス（証拠）を出してPDCAサイクルを回し、学校教育活動を進めていくことが大切なのです。

（3）日常生活での取り組み

　「学校における全ての時間を通じておこなわれるもの」が学級経営であるな

らば、「授業外」での取り組みも大切です。「授業外」というと、その日その時に生じる突発的な内容に対応することや教師や子どもたちの創意工夫の余地があまり感じられない決められた活動等を思い浮かべる方が多いかもしれません。しかし、ここでいう「日常生活での取り組み」は、それではありません。

　「授業外」ですから、雑多なことがたくさん考えられます。もちろん、「めざす学習集団像」に迫るにはどれも大切です。特に学級担任であれば、言動一致を考えてどんな時でも「めざす学習集団像」を意識した振る舞いをしなければなりません。とはいいましても、一つ一つの振る舞いに「めざす学習集団像」との関連を結びつけて説明しながら行うなど、理想ではありますがまどろっこしいですし現実的ではありません。実現できることを考えるのです。

　そこで、「ケイエイ・カリマネシート」に「めざす学習集団像」に迫るため、「１年間これに取り組んでみよう」「１年間これに力を入れてみよう」という「授業外」の活動を一つか二つ、絞って記述するのです。「いつ」「どういう時に」行うのか、「実践の場」も書いておきます。これで「継続的」に「日常生活での取り組み」を行うことができます。

（４）授業

　学校の生活の多くの時間を占めるのは「授業」です。先の田村学氏が整理したカリキュラム・マネジメントの三つの側面の一つである「カリキュラム・デザイン」では「教科横断的な視点」が強調されているからか、教科軸と時間軸の表の中に単元名を書き出して、関連する部分を矢印で引っ張る作業をしていることを前に紹介しました（12頁の図１を参照）。少し大げさですが、網の目のように矢印がたくさん引かれ、それで満足してしまうことがないか心配します。きちんと「実」をとるようにしたいですね。

　「ケイエイ・カリマネシート」では、「めざす学習集団像」に向かう矢印に沿って４つの授業を書き込めるようにしてあります（実状によってはもう少し増やしてもいいかもしれません）。この４つの枠に時間（月日）に沿って、

実施時期が早い授業から遅い授業の順番に「めざす学習集団像」実現のために強く意識する授業を配置するのです。教科は特定しません。４つの枠、全て異なる教科でもいいですし重なってもいいです。ただし、一つの教科だけで埋めることはしないほうがよいでしょう。また、「家庭科＋道徳科」「国語科＋社会科」のように「合科」的に入れてしまってもよいと考えます。

　「カリキュラム・マネジメント」と称し、「めざす学習集団像」実現のために強く意識する授業を行っていく上で、「４つ」の授業というのは少ないと思う方もいるかもしれません。しかし、考えてみてください。例えば、校内研究で何かしらの研究を進めるとして、年に一つ単元構成を考えて１時間の授業を全校の先生に見てもらうのがやっとではありませんか？　ともすると、そういう機会のないまま１年間が過ぎてしまう先生もいらっしゃるかもしれません。そのような現状を考えますと、「めざす学習集団像」実現のために年間４つの授業を意識して作っていくことは、現実的であり、現状から考えると大きな一歩と言えると思います。

　さて、「ケイエイ・カリマネシート」の見方、考え方、作り方を通して、具体的な「めざす学習集団像」実現のためのカリキュラム・マネジメントについて説明してきました。「授業」そして「日常生活での取り組み」の具体例として、第３章では実践の詳細を書いています。ぜひ、お読みください。ここでは、もう少し「ケイエイ・カリマネシート」の中核となる「めざす学習集団像」について書いていきます。

5　学級経営とキャリア教育

　「めざす学習集団像」に何を書くかですが、教育基本法や学校教育法の基本精神に外れない限り、担任が１年間かけて学級集団の子どもたちと目指した

い内容を記述するでよいと考えます。子どもたち一人一人、そして、その子どもたちから構成される学級も一つ一つ異なるでしょうから、様々なものがあってよいでしょう。具体的には、先にも書いたとおり「学校教育目標」や「グランドデザイン」から「めざす学習集団像」を下ろしてくることが考えられるでしょう。また、教師の強い信念(繰り返しますが、教育基本法や学校教育法の基本精神に外れない限りです)を記述するのもよいでしょう。そして、できるのでしたら子どもたちと共に話し合いの上「めざす学習集団像」を作成するということが一つの理想形です。

　本書では、一例を提示するにあたり、「めざす学習集団像」の中に「キャリア教育」の視点を入れることにしました。これは、今後のよりよい「学級経営」を考えていく上で「キャリア教育」を念頭において進めていくことは一つのスタンダード(標準)になると考えたからです。つまり、書籍という形で多くの方に手にとってもらうことを想定して「汎用性」と「提案性」があると考えました。少し、キャリア教育について探っておきましょう。キャリア教育の定義は以下です[11]。

　　一人一人の社会的・職業的自立に向け、必要な基盤となる能力や態度を育てることを通して、キャリア発達を促す教育

　佐賀市立小中一貫校芙蓉校でキャリア教育を推し進めた牟田禎一氏・石原紳一郎氏は教育基本法・学校教育法からキャリア教育の育成を示唆している部分を抜き出して紹介しています[12]。以下です。

○教育基本法
二　個人の価値を尊重して、その能力を伸ばし、創造性を培い、自主及び自律の精神を養うとともに、<u>職業及び生活との関連を重視し、勤労を重んずる態度を養うこと。</u>

三　正義と責任、男女の平等、自他の敬愛と協力を重んずるとともに、公共の精神に基づき、<u>主体的に社会の形成に参画し、その発展に寄与</u>する態度を養うこと。

○学校教育法　第二章　義務教育　第二十一条
一　学校内外における社会的活動を促進し、自主、自律及び協同の精神、規範意識、公正な判断力並びに公共の精神に基づき<u>主体的に社会の形成に参画し、その発展に寄与する態度を養うこと。</u>
四　<u>家族と家庭の役割</u>、生活に必要な衣、食、住、情報、産業その他の事項について基礎的な理解と技能を養うこと。
十　職業についての基礎的な知識と技能、勤労を重んずる態度及び個性に応じて将来の進路を選択する能力を養うこと。

　考えてみれば「学校教育」は将来の国家の形成者として子どもたちの今後を考え、育てていくわけですから、法律・法規の各文に織り交ぜられているのが当たり前といえば当たり前です。要はこれらを意識して、学校現場に勤める人間が子どもたちに接しているかが大切になります。また、注目すべきは、学習指導要領改訂の方向性を考えていく段階で「キャリア教育」を大きく取りあげていることです。平成28年6月21日に開かれた中央教育審議会「教育課程部会　総則・評価特別部会（第9回）」において「学習指導要領改訂の方向性（案）」という10枚のスライド資料を配布しています[13]。

　この資料には「新学習指導要領」の説明で頻繁に用いられる三角形で表された「育成すべき資質・能力の三つの柱」の図などが含まれますが、そのうちの3枚は「キャリア教育」に関するスライドです。10枚中3枚を用いていることだけでも「キャリア教育」に力を入れていることがわかります。その中の1枚を以下に取り出してみました（図5）。

　この図は新学習指導要領が掲げる「育成すべき資質・能力三つの柱」とキ

キャリア教育における「基礎的・汎用的能力」と資質・能力の三つの柱（案）

※「基礎的・汎用的能力」に示す4つの能力を統合的に捉え、資質・能力の三つの柱に大まかに整理したもの。

	【人間関係形成・社会形成能力】多様な他者の考えや立場を理解し、相手の意見を聴いて自分の考えを正確に伝えることができるとともに、自分の置かれている状況を受け止め、役割を果たしつつ他者と協力・協働して社会に参画し、今後の社会を積極的に形成することができる力
	【自己理解・自己管理能力】自分が「できること」「意義を感じること」「したいこと」について、社会との相互関係を保ちつつ、今後の自分自身の可能性を含めた肯定的な理解に基づき主体的に行動すると同時に、自らの思考や感情を律し、かつ、今後の成長のために進んで学ぼうとする力
	【課題対応能力】仕事をする上での様々な課題を発見・分析し、適切な計画を立ててその課題を処理し、解決することができる力
	【キャリアプランニング能力】「働くこと」の意義を理解し、自らが果たすべき様々な立場や役割との関連を踏まえて「働くこと」を位置付け、多様な生き方に関する様々な情報を適切に取捨選択・活用しながら、自ら主体的に判断してキャリアを形成していく力

各教科等における学習との関係性を踏まえつつ、教育課程企画特別部会の「論点整理」の方向性も踏まえて整理

知識・技能	・学ぶこと・働くことの意義の理解 ・問題を発見・解決したり、多様な人々と考えを伝え合って合意形成を図ったり、自己の考えを深めて表現したりするための方法に関する理解と、そのために必要な技能 ・自分自身の個性や適性等に関する理解と、自らの思考や感情を律するために必要な技能
思考力・判断力・表現力等	・問題を発見・解決したり、多様な人々と考えを伝え合って合意形成を図ったり、自己の考えを深めて表現したりすることができる力 ・自分が「できること」「意義を感じること」「したいこと」をもとに、自分と社会との関係を考えて、主体的にキャリアを形成していくことができる力
学びに向かう力・人間性等	・キャリア形成の方向性と関連づけながら今後の成長のために学びに向かう力 ・問題を発見し、それを解決しようとする態度 ・自らの役割を果たしつつ、多様な人々と協働しながら、よりよい人生や社会を構築していこうとする態度

図5　キャリア教育における「基礎的・汎用的能力」と資質・能力の三つの柱（案）

ャリア教育における「基礎的・汎用的能力（「人間関係形成・社会形成能力」「自己理解・自己管理能力」「課題対応能力」「キャリアプランニング能力」の4能力）との関係を表したものです。

「育成すべき資質・能力三つの柱」である「知識・技能」「思考力・判断力・表現力等」「学びに向かう力・人間性」は学習指導要領の中で学校教育活動全てにわたって意識され、養われるように配慮していくべきものとされています。そこに折り重なるようにしてキャリア教育における4つの「基礎的・汎用的能力」が整理されています。ここまできれいに整理されているわけですから、キャリア教育に邁進しない手はないですよね。

ここで、確認しておきたいことは**「育成すべき資質・能力三つの柱」と「キャリア教育の基礎的・汎用的能力」が重なっている**ということです。キャリア教育というと「キャリア」という言葉が一人歩きして、大きくとらえがちです。「キャリア教育」という大きなものが存在してそれだけをとらえて「独立」して行うイ

メージでしょうか。必然的に「キャリア教育」を行う時は「総合的な学習の時間」あたりを工面して独自に行うことをよく目にしてきました。しかし、「育成すべき資質・能力三つの柱」と重なっているということは学校教育活動の全時間に関わっているということであり、どの時間に行ってもよいということです。

ですから、「キャリア教育」に力を入れようと思ったら、「学校教育活動の全時間に関わっているということであり、どの時間に行ってもよい」わけですから、「めざす学習集団像」に「キャリア教育」の考え方を取り入れて、学級経営の中で展開していくことがスマートに感じます。もう少し、具体的に言えば、「ケイエイ・カリマネシート」の「めざす学習集団像」に「キャリア教育」の視点を書き入れて「ケイエイ・カリマネシート」を完成させてしまえば、「日常的な取り組み」から「授業」に至るまで、「キャリア教育」の視点を踏まえた学級経営を進めることが容易になるということです。

ここで改めて「授業」について考えます。「めざす学習集団像」に「キャリア教育」の視点を書き入れたということは、「キャリア教育」の視点をとりいれた「授業」を（私たちの提案した「ケイエイ・カリマネシート」のフォーマット通りに行うとしたら）年間で４つ導入することになります。

「授業」と「学級経営」の関係では、白松賢氏が「教科の授業でも学級経営は可能」と言ってきた先生方の声を整理しています。そういう先生方は「教科の授業のための学級経営を重視」し「学級を整備することで学習指導のために児童生徒をいかにコントロールできるかが学級経営の技術」[14]だととらえてきたと紹介しています。なるほど、児童生徒に「強制力」を発揮する教師は、確かに授業で「も」児童生徒に強い指導を背景に教師主導の授業を進めている方が多いように感じます。

一方、私たちが考える「教科の授業でも学級経営は可能」という意味は少し違います。教師がやりやすい授業のためにルールやモラルを引き寄せてくるのではなく、「社会のルールや考え方」に授業を合わせていくのです。小林

昭文氏は右のような図を描いて「教科授業」と「教科外授業」との「指導内容」の矛盾を述べています[15]（図6）。

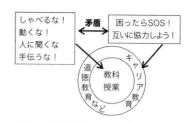

図6　教科授業とそれ以外との矛盾
（阿部が参照して作成）

小林氏は言います。

「たとえば、キャリア教育とか道徳教育の際、私たちが生徒に教えるのは『困ったらSOSを出しなさい、相談しなさい』『困っている人を見つけたら助けなさい』『みんなで協力しなさい』『手を差し伸べなさい』ということです。しかし、教科科目の授業のときには、五〇分もの間、四〇人の生徒を同じ部屋に押し込めておきながら、横を向かせない、話をさせない、協力どころかコミュニケーションすらさせないわけです。学校が社会に閉じていたからこその状況でした。『開かれた学校』という言葉が使われ出しています。これは『開かれた授業』にもつながると言えるでしょう。そして、それは外部の方々を授業に招き入れるという意味での『開く』があると同時に、授業の仕組みや考え方を社会の仕組みから取り入れる必要があると思うのです。」

次に、具体的な授業の話をします。「育成すべき資質・能力三つの柱」と「キャリア教育の基礎的・汎用的能力」の関係はとても強く、「キャリア教育の基礎的・汎用的能力」の守備範囲は思っていたよりも広いですので、創造性豊かな先生はたくさんのアイデアが湧いてくるかもしれません。それぞれの発想を生かして「めざす学習集団像」に迫る授業を考えていってほしいと思います。私たちは、本書で「コラボレーション授業」というものを提案します。

6　学級経営と
   コラボレーション授業

キャリア教育の視点を加味した「授業」は、アイデア次第でさまざまな授

業が考えられると思いますが、今回私たちが本書の中心に置いた「授業」は「コラボレーション授業」です。「コラボレーション授業」という言葉をインターネットで検索するといくつか事例が出てきます。そのどれもが今のところ明確に「定義」づけしているものはなく、「学校」と「学校外」の誰かとコラボレーション（協働）して授業を行うことをコラボレーション授業と呼んでいるようにみえます。

　例えば、聖学院大学では、授業科目としてJTBの現役社員を講師に招いて授業を展開する「旅行業界論」という科目を開講しているようです[16]。佐藤哲夫氏・磯部征尊氏は、小学校の現場で芸術家と教員とでコラボレーションした授業を紹介し、その授業の有効性を明らかにしようとしています[17]。

　こういう事例を見聞すると、確かに「協働」して授業を作っているのでコラボレーション授業という名称に違和感はありません。しかし、立ち止まって考えてみます。学校外部から講師が来校し、授業をするというのは外部講師とかゲストティーチャー等の呼び方で以前からありました。私の身近では「外部講師連携授業」や「出前授業」や「ゲストティーチャー招聘授業」の呼び方で耳にしています。果たしてこれらの名前が今風の「コラボレーション」という名称に変更しただけでしょうか。それとも、内容に変更があるのでしょうか。このあたりを明らかにしないと「コラボレーション授業」というなんとなく、心地よい響きだけが一人歩きして進んでいってしまうように思います。

　また、「コラボレーション授業」を行うことが、どうキャリア形成に役立つのでしょうか。「めざす学習集団像」へとつながっていくのでしょうか。章を新たにして、コラボレーション授業について取りあげてみたいと思います。

【引用・参考文献】
1）　中央教育審議会初等中等教育分科会（第100回）論点整理「4．学習指導要領等の理念を実現するために必要な方策」http://www.mext.go.jp/b_menu/shingi/chukyo/chukyo3/siryo/attach/1364319.htm
2）　田村学編著『カリキュラム・マネジメント入門』東洋館出版社、2017年。

3） Society 5.0 に向けた人材育成に係る大臣懇談会「Society 5.0 に向けた人材育成〜社会が変わる、学びが変わる〜」http://www.mext.go.jp/component/a_menu/other/detail/_icsFiles/afieldfile/2018/06/06/1405844_002.pdf
　※狩猟社会（Society 1.0）、農耕社会（Society 2.0）、工業社会（Society 3.0）、情報社会（Society 4.0）とし、続く新たな社会を指して Society 5.0 と呼んでいる。
4） 白松賢『学級経営の教科書』東洋館出版社、2017年。
5） 赤坂真二『スペシャリスト直伝！ 学級づくり成功の極意』明治図書出版、2016年。
6） 北海道伊達市立東小学校「平成21年度研究紀要 豊かな心をもち、社会性を身につけた子どもの育成〜ステーション授業の構築と実践〜」
7） 図書文化社「特集　Q-U と学級経営」http://www.toshobunka.co.jp/books/feature.php?eid=7
8） 栗原慎二・井上弥『Excel2016対応版 アセスの使い方・活かし方　学級全体と児童生徒個人のアセスメントソフト』ほんの森出版、2017年。
9） 鈴木誠「理科教育における学習意欲の構造に関する研究(3)―理科教育用自己効力感測定尺度（SESSE: Self-Efficacy Scale for Science Education）の開発―」『日本理科教育学会研究紀要』Vol.36(3)，1996，pp.1-11.
10） 平川理恵「客観的資料を生かしたカリキュラム・マネジメント―KKD（勘、経験、度胸）の学習・生徒指導からの脱却を！―」長田徹監修『カリキュラム・マネジメントに挑む』図書文化社、2018年。
11） 中央教育審議会「今後の学校におけるキャリア教育・職業教育の在り方について（答申）」平成23年1月31日
12） 牟田禎一・石原紳一郎「芙蓉校の挑戦！ 教科横断的な資質・能力の育成」長田徹監修『カリキュラム・マネジメントに挑む』図書文化社、2018年。
13） 中央教育審議会教育課程部会　総則・評価特別部会　資料1「学習指導要領改訂の方向性（案）」http://www.mext.go.jp/b_menu/shingi/chukyo/chukyo3/061/siryo/_icsFiles/afieldfile/2016/07/07/1373849_1.pdf
14） 前掲、白松賢『学級経営の教科書』
15） 小林昭文著、フランクリン・コヴィー・ジャパン監修『7つの習慣×アクティブラーニング 最強の学習習慣が生まれた！』産業能率大学出版部、2016年。
16） 聖学院大学「聖学院大学と JTB がコラボレーション授業「旅行業界論」を開講〜旅行を通して社会に貢献する意義と旅行業界の今後を学ぶ授業を展開〜」https://www.u-presscenter.jp/2018/05/post-39454.html
17） 佐藤哲夫・磯部征尊「芸術家と教員のコラボレーション授業によって生まれる子どもの芸術的気づき―「水と土の芸術祭2012」こどもプロジェクトの事例―」『新潟大学教育学部研究紀要　人文・社会科学編』Vol.7(1)，2014，pp.159-169.

第2章

キャリア意識を育む
コラボレーション授業とは
（阿部隆幸）

1　外部講師を招いた授業の先行事例

　最初に「外部講師を招いた授業」の先行事例から学んでみます。Amazonで「外部講師」で検索しても授業に関するものは出てきません。代わりに「ゲストティーチャー」で検索すると2002年前後に発刊された2冊の本[1]がヒットします。総合的な学習の時間は、小・中学校では平成14年度（2002年度）から本格的に実施されました。総合的な学習の時間新設に伴い、様々な実践事例が提案されましたが、その一つにゲストティーチャーを招いた授業がありました。それまでは個人的に教師が学校外から誰かを招くということがあっても、一般的に授業に入ってもらうということは珍しかったために、事例やそのマニュアルのようなものが必要になったと考えられます。当時、教育雑誌でも、『授業づくりネットワーク』（学事出版）などは「ゲストティーチャー」に関する特集を組んでいます[2]。その後、総合的な学習の時間の授業が安定（？）すると共に「ゲストティーチャー」というタイトルの本や特集を組む雑誌の数が減ります。

　「ゲストティーチャー」の代わりに登場する言葉が「出前授業」です。2016年に『授業づくりネットワーク』では「出前授業完全マニュアル」という特集を組んでいます。その中で藤川大祐氏は出前授業を次のように定義しています。

　「出前授業というのは、企業、NPO、行政機関等が一定のプログラムをつくり、専門家等が学校に出向いて児童生徒に対して行う授業のことである。出前授業を活用することによって、「〇〇教育」や教科の新しい内容等、学校の教師だけで取り組むのが難しい内容に対応することができる。」[3]

　この説明から二つ受けとめることができます。一つは、この時期に耳にす

るようになった「開かれた教育課程」「開かれた学校」への対応です。もう一つは、数限りなく増え続ける「○○教育」といった学校に持ち込まれるさまざまな内容は、学校内にいる教師だけでこなすことは難しいので、ぜひとも外部の人材を活用していこうと促していることです。

　最近では「連携授業」という言葉を用いて『月刊教職研修』[4]が外部講師を招いた授業を取りあげています。これは、「開かれた教育課程」「開かれた学校」に対応して外部人材を活用しようと思いつつも迷走状態にある現場へのアドバイス、提言を紹介している形です。

　一方で、長きにわたり「企業」と連携した授業を計画、提案してきた例があります。千葉大学の藤川大祐氏を中心としたNPO法人企業教育研究会であり、同NPOが中心となり刊行している書籍です。その研究成果は、2004年の第1弾を皮切りに藤川大祐氏と落合陽一氏の対談が収録されている2018年の最新刊を含めて合計4冊の本にまとめられています[5]。NPO法人企業教育研究会は「企業と連携した授業づくり」のプロフェッショナルを目指し、全国の名の知られた企業との連携プログラムを開発し、提供しています。ワークシートも前掲書には収められていて、実際の授業に取り入れやすい配慮がなされています。このNPOの理念である「リアルな社会とのふれあい」や「誰もが教育に貢献する社会」に向けて組織的に継続して取り組まれていることが特徴です。今後も企業と連携して開発した先端の授業実践を紹介し続けてくれることでしょう。

　以上のような先行実践と今後求められる社会人像、そして、文部科学省が推し進める教育改革を加味して、どこの学校でも教師の意欲があれば実践できる授業として、私たちは**「コラボレーション授業」**を提案します。

2　コラボレーション授業とは
（コラボレーション授業の魅力）

　私たちの考える「コラボレーション授業」とは、単純に「学校外部から講師を招いて、その講師と協働して行う授業」を指すのではありません。それに加えて大きく以下の二つが含まれてはじめて、「コラボレーション授業」と言えます。

（１）授業に三つのＣが存在すること
（２）コラボレーション授業後のリフレクションを行うこと

これらの要素を取り入れた授業を通して以下の意識への変化を助長します。

子どもたちが希望をもって社会の中で生きていく意欲

これらを詳しく説明していきます。

3　授業に三つのＣが存在すること

三つのＣとは以下を指します。

（１）コラボレーション（collaboration）
（２）コミュニケーション（communication）
（３）クリエイティビティ（creativity）

　一つの「コラボレーション授業」の中に上の三つの要素をしっかり組み込むことを意識します。説明を加えます。

（１）コラボレーション（collaboration）

　まさしく「協働」のことです。この「協働」は、授業の中で外部講師が授業担当者（主に担任になるでしょうか）とTT（ティームティーチング）のように授業をするということに留まりません。大切なのは、外部講師と授業担当者との事前のコラボレーションです。以下にコラボレーションとは対極の丸投げの例を二つ出します。

　一つは、企業が学校向けに授業パッケージのようなものをすでに考えてくれている場合です。これは、学校の先生はとても忙しいので打ち合わせ等少しでも手間を省いてもらいたいという企業の思いやりやねらいがあるのだと思います。しかし、これは授業というよりも企業からのプレゼンテーションの色合いが濃いです。

　二つは、授業担当者の授業の目的に即して外部講師を授業の流れの一つに位置づけて授業を進める場合です。事前に「この場面でこのように話してくださいますようお願いします」のように外部講師に指示を出しておくわけです。これは、外部講師を授業の中の一つの生きた材料とした使い方になります。位置づけは写真や具体物、映像資料等と変わりありません。

　極端な例示を二つ出しました。私たちの考えるコラボレーションは、外部講師と授業担当者の事前の打ち合わせを大切にします。授業担当者が授業の目的を示し、どんな手段で外部講師とコラボレーションしたいのかを伝えると同時に、外部講師には外部講師としての考えを示してもらい、互いにすり合わせをして授業案を作ります。

　その結果、外部講師に丸投げの授業や外部講師を授業担当者が進める授業の単なる一つのパーツとして扱ってしまう授業ではなく、文字通りの「協働（コラボレーション）」の授業を構想し、実現します。

（2）コミュニケーション（communication）

　ここでいうコミュニケーションとは、双方向の情報の伝達や意思疎通のやりとりを指します。

　外部講師を招いた授業、特に企業が事前に授業をパッケージ化してきたものに多いのですが、45分の授業時間があったとして、最後の5分10分程度だけを「質問の時間」として子どもたちと「やりとり」をする授業があります。この「やりとり」もコミュニケーションと言えばコミュニケーションですが、私たちの考えるコラボレーション授業はこの部分をコミュニケーションと指していません。

　授業の中で任意に計画的に、「外部講師と子どもたち」「子どもたち同士」「外部講師と授業担当者」そして当たり前ですが「授業担当者と子どもたち」のコミュニケーションを取り入れます。もちろん、「授業」の専門家ではない外部講師に突然、授業内でコミュニケーションを取り入れてほしいと要望しても効果的に行うことは難しいことでしょう。そこで、「授業」の専門家である「教師（授業担当者）」の出番です。しっかり授業構想をもって、つまり先の「コラボレーション」で説明しているように打ち合せを行います。

（3）クリエイティビティ（creativity）

　ここでいうクリエイティビティとは、学んだことから生みだされた子どもたちの成果物（アウトプット）を指します。creativityを辞書的に翻訳すると「創造的なこと、創造性、独創力」です。言葉通りに受け取りますと、頭の中のことになってしまいますが、それではその創造性や独創力に対して「評価」も「承認」もできませんので、子どもたちには学んだことを何かしらの形で表してもらうように私たちの考えるコラボレーション授業では導きます。詳しくは、第3章の実践例をご覧いただければ具体的におわかりいただけると思います。例えば、学んだことをもとに劇にする、実際の新聞に投書をする、

4コマ漫画を作って応募する……などのアウトプット例を紹介しています。

　以上、3Cの「C」を細かく紹介しました。それらを総合的に、私たちが呼称するコラボレーション授業をなるべく簡潔にその実態を紹介するならば、以下のようになるでしょう。

> 「外部講師を招いたアクティブ・ラーニングの授業（主体的・対話的で深い学びのある授業）」

　教師主導型の一斉授業が当たり前の時代に外部講師を招いた授業を行うのであれば、ベースが教師主導型ですから外部講師が子どもたちの前面に立ち、外部講師の伝えたいことを一方的に伝える授業でも不思議に思いませんでした。学校以外の方、しかも、専門家から話を伺うことに価値がありました。
　しかし、「主体的・対話的で深い学び」が求められる今、外部講師を招いた時だけ教師主導型のスタイルになってしまったのでは、いくら目の前に外部講師が立っているとしても子どもたちは我慢し続けることは難しいでしょう。
　ティーチングからラーニングへと授業の考え方が変わってきているのです。
　外部講師を招いた時の授業も、アクティブ・ラーニングにしていくべきです。その時、大切になるのが今まで説明してきた三つの「C」、つまり「コラボレーション」「コミュニケーション」「クリエイティビティ」です。この三つの要素を取り入れて外部講師を招く授業を構想していくとアクティブ・ラーニングになっていきます。
　第3章には「学級経営が主役のカリキュラム・マネジメント」の実際を知っていただくために実践例を載せています。もちろん、その中に「コラボレーション授業」の詳細を載せています。このページ構成は10ページで一つのコラボレーション授業を説明する形としています。10ページの構成は「アクティブ・ラーニングデザインシート（以下、ALデザインシート）1ページ＋実

際の授業の様子6ページ＋コラボレーション授業後のリフレクションの様子3ページ」です。コラボレーション授業の様子を説明する最初にALデザインシートを載せた理由は、私たちの考えるコラボレーション授業は「外部講師を招いたアクティブ・ラーニングの授業」だからです。

三つの「C」が入った授業が「コラボレーション授業」。

ALデザインシートは呼称の通り、「アクティブ・ラーニング」の授業を考える際の授業デザインに役立てるシートとして上越教育大学の水落芳明氏が開発したものです。水落氏と阿部の共編著でALデザインシートをもとに展開する『学び合い』授業の本を発表しています[6]。このALデザインシートは「目標と学習と評価の一体化」を意識することでアクティブ・ラーニングの授業がよりよいものになるとしていることが特徴です。

この根拠は水落芳明氏の学術論文[7]にあります。この論文では「小学校6年理科の学習において、教師が評価の時期と基準を明示し、言語情報と形態情報によって学習者全員の実験計画等に関する理解を評価する実践研究を行った」ところ、「それぞれの評価活動におけるフィードバックによって、学習が進展し、確かな理解へと結びついていることが明らか」となり、かつ、「教師評価の時期と基準を明示し学習者全員の評価を目指す学習は、学習者にとってわかりやすい学習法であることが明らかになった」ことを述べています。

その後、水落氏たちは理科以外の教科でもこの考え方や進め方を実践して有効であることを確かめ、そして、広げてきました。アクティブ・ラーニングの授業は教師主導型の授業と異なり、子どもたちの自由な活動時間が多く

なるのが特徴です。そんな中「たくさん活動できてよかった」「活動が楽しかった」などといった活動そのものが目的化してしまっているアクティブ・ラーニングの授業も少なくありません。子どもたちに十分に裁量を預けて自由な時間を保証しつつ、授業の目標に確実に迫っていくためにも「目標と学習と評価の一体化」を授業担当者も外部講師も子どもたちも意識していることが大切です。それを実現するための AL デザインシートなのです。第 3 章を読み進めるときは、ぜひこのシートを参照しながら実践の詳細を読み進めてみてください。

4　コラボレーション授業後のリフレクションを行うこと

　3 C の要素が含まれていれば、私たちが考える「コラボレーション授業」は成立しますが、本書ではここに「コラボレーション授業後のリフレクションを行うこと」をセットで組み込むことを提案しています。せっかく、貴重な時間を割いて子どもたちのための学びを提供してくださった外部講師です。外部講師がかかわっているキャリアの内容を教えてもらったり、疑似体験させてもらったりするだけでなく、外部講師自身のキャリアの考え方や立ち位置、接し方などをインタビューやパネルディスカッション、対話等を通して子どもたちが知ることを目的とするのです。

　コラボレーション授業後のリフレクションを行うことの内容にはいくつかのパターンがありますが、その代表であり、私たちのオススメは石川晋氏が北海道の中学校教師時代によく行っていた「大人トーク」[8]です。実際本書の第 3 章でも多めに「大人トーク」の実際を収録しています。「大人トーク」の基本形は外部講師と共に行うコラボレーション授業を終えた後、授業担当者と外部講師が対談をして、その姿を子どもたちに見てもらうものです。授業

担当者が聴き手、外部講師が話し手になります。聴き手である授業担当者が外部講師に「この仕事に就いた理由」「この仕事の魅力」「この仕事への思い」「この仕事に関して皆さん（子どもたち）に伝えたいこと」等をインタビューします。もちろん、子どもたちからの質問時間も設けます。こうして、前の時間に行ったコラボレーション授業に外部講師の仕事に向かう内面的な部分を加味して子どもたちに「働く意味」について厚みをつけてもらうのです。

5　コラボレーション授業とキャリア形成の関係

　子どもたちの将来は不透明です。子どもたちが大人になる頃、人工知能（AI）の発達などで現在ある数多くの職業がなくなっていると言われています。そんな中、ビジネスの世界では、社会を生き抜くためには「ハードスキル」と「ソフトスキル」をバランスよく獲得することが大事だと言われます。「ハードスキル」と「ソフトスキル」に関して以下を引用します。

　「ハードスキル（Hard Skills）とソフトスキル（Soft Skills）という言葉があります。ハードスキルとは『体系立った知識』のことであり、『理論や手法やツール』などを指します。一方、ソフトスキルとは『ヒューマンスキル』のことであり、『自己および対人関係に関するスキル』という定義です。」[9]

　つまり、ハードスキルは「点数で測定できるスキル」であり、具体例としてはプログラミングや会計などです。一方、ソフトスキルは「点数で測定できないスキル」であり、コミュニケーション能力やリーダーシップなどです。

　ある特定の職業、仕事に就いたとして、その仕事独自のハードスキルは必ず必要になるでしょう。もちろん仕事に就く前にその仕事を想定して事前に特定のハードスキルを身につけておくことで職業選択に有利に働くことがあるでしょう。しかし、職業、仕事の種類によって必要、不必要か左右される

ことが多く、「必ず必要なハードスキル」を見越して習得するのはなかなか難しそうです。

「自己および対人関係に関するスキル」であるソフトスキルは、どのような社会になっていくのか今後予測できない中でも必ずや必要とされ続けるスキルのように感じます。どの職業、仕事に就いたとしても必要ですし、身につけていたら有利に働くでしょう。汎用的な能力とも言えます。これは、キャリア教育における「基礎的・汎用的能力（「人間関係形成・社会形成能力」「自己理解・自己管理能力」「課題対応能力」「キャリアプラニング能力」の4能力）とも重なります。つまり、明確な職業観、仕事観をまだもてない小学生たちにとって、ソフトスキルに焦点をあててキャリア教育を進めていくことはたいへん現実的であり、効果的です。

公立校の学校改革で全国的に注目を浴びている東京都千代田区立麹町中学校の工藤勇一校長は「ソフトスキルを学ぶには学校を閉鎖的にしないことが肝心だ。」とし「授業のカリキュラムやアフタスクールなどを通じて、民間企業の社員や研究者、大学生など外部の人、多様な人材と触れ合える機会を積極的に作っている。」[10]と言います。

私たちの目指すコラボレーション授業もこの考え方に重なります。汎用性のあるソフトスキルを知る、見る、感じる、接する、聞いてみる、試してみることで、そこに含まれるキャリア教育における「基礎的・汎用的能力」を身につける一助になります。

加えて、私たちの特長は「ケイエイ・カリマネシート」にこれらのコラボレーション授業を位置づけて進めることです。「めざす学習集団像」という大きな目的があり、それに向けて計画的に位置づけられたコラボレーション授業を実践していくことで、年間を通じてキャリア形成を見通した学級経営が主役のカリキュラム・マネジメントにつながっていきます。

【引用・参考文献】
1） 上條晴夫編著『ワークショップ型総合学習の授業事例集―ゲストティーチャーとつくる体験共有の授業』学事出版、2001年。
上條晴夫編著『ゲストティーチャーと創る授業―招き方からその実際まで』学事出版、2002年。
2） 例えば、次があります。
【特集】「ゲストティーチャーと創る総合的学習」『授業づくりネットワーク』2000年6月号 No.175、学事出版【特集】「ゲストティーチャーと授業を創る」『授業づくりネットワーク』2001年10月号 No.195、学事出版。
3） 【特集】「出前授業完全マニュアル。」『授業づくりネットワーク』No.20 通巻328号、学事出版、2016年、11～12頁。
4） 【特集】「ねらいが不明、評価をしていない、多忙を助長する……もう失敗しない外部人材との「連携授業」」『教職研修』2018年12月号、教育開発研究所。
5） 例えば、次があります。
藤川大祐編・NPO法人企業教育研究会著『「確かな学力」が育つ 企業とつくる授業』教育同人社、2004年。藤川大祐編・NPO法人企業教育研究会著『子どもたちに夢と出会いを…企業とつくるキャリア教育』教育同人社、2006年。藤川大祐編・NPO法人企業教育研究会著『子どもが変わる成果がみえる 企業とつくる食育』教育同人社、2007年。藤川大祐、阿部学編著・NPO法人企業教育研究会著『企業とつくる「魔法」の授業』教育同人社、2018年。
6） 水落芳明・阿部隆幸編著『これで、国語科の『学び合い』は成功する！』学事出版、2018年。他に、算数科、社会科、理科、小学校外国語についても同様にALデザインシートをもとに展開する『学び合い』授業の実践書が同じく学事出版から刊行されている。
7） 水落芳明「理科実験場面による言語情報と「形態情報」による評価のフィードバック機能に関する研究」『理科教育学研究』第52巻第1号、日本理科教育学会、2011年。
8） 石川晋『「対話」がクラスにあふれる！国語授業・言語活動アイデア42』明治図書出版、2012年。
9） 岩下幸功「メタスキル（Meta Skills）」『日本プロジェクトマネジメント協会オンラインジャーナル』2010年10月号、https://www.pmaj.or.jp/online/1010/hitokoto.html
10） 山脇岳志「公立校でもここまでできる学校改革　麹町中の工藤校長が目指す「現代の寺子屋」とは」『朝日新聞GLOBE＋』2018年11月25日、https://globe.asahi.com/article/11964625

第3章

学級経営が主役の
カリキュラム・マネジメントの実際
～コラボレーション授業と日常生活での取り組み～
（菊地南央）

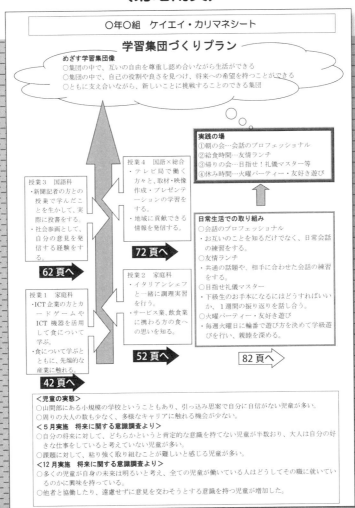

コラボレーション授業の実践事例 1

食べて元気に!〜食育モンスターで学ぼう〜

単元名	「食べて元気に!」(1〜4時間/11時間扱い)
協力者	株式会社プレイノベーション 代表取締役　菅家元志さん 株式会社コンセプト・ヴィレッジ　舞木光さん
目標	食事の大切さを考え、日常の食事や使われている食品に興味をもち、栄養のバランスに気を付けたみそ汁の具材を考えることができる。
学習	(1) 自分の食生活を振り返る。 (2) 食モンすごろくで遊んで、健康な食生活のヒントを探す。 (3) 三色食品群に気を付けた「食モンすごろくマップ」を作る。 (4) みそ汁に入れる具材の「食材モンスターカード」を作る。 (5) 自分たちで作ったすごろくで遊ぶ。 (6) 栄養のバランスに気を付けた、ご飯とおみそ汁の組み合わせを考える。
評価	・健康的な食生活を送るために大切なことや注意することを、すごろくのマスに書くことができる。 ・栄養のバランスに気を付けて、ご飯とおみそ汁の組み合わせを考えることができる。

育成すべき資質・能力 三つの柱との関連	1)「何を知っているか、何ができるか(個別の知識・技能)」 　食事の大切さや、三色食品群のはたらきと栄養が多く含まれる食材を知ることができる。 2)「知っていること・できることをどう使うか(思考力・判断力・表現力等)」 　学習したことを使って、ごはんとみそ汁の具材の組み合わせを考えることができる。 3)「どのように社会・世界と関わり、よりよい人生を送るか(学びに向かう力、人間性等)」 　自分の食生活を見直したり、栄養のはたらきを知ることで、健康的な食生活を送ることができる。

●実践が生まれたきっかけ →

1学期に学校に届いた出前授業の案内の中から、食育に関する授業を申し込みました。しかし、対象人数が本校の実態に合わず実現しませんでした。

そんな時に、ICT関連の仕事をしている菅家元志さん（以下、菅家氏）が、食育を題材にしたカードゲームを作っていることを新聞記事で知りました。私が担任するクラスの中には、将来の夢としてIT関連の仕事に興味がある児童や、ゲーム会社に興味を持つ児童もいました。そこで、このカードを家庭科の教材として使用できないかと相談しました。そして、この案に興味を持った菅家氏とともに学校教材としての開発を進めました。また、菅家氏が代表を務める株式会社プレイノベーションと同じ郡山市内のオフィスビルに入居していて、農作物の卸売業を営んでいる株式会社コンセプト・ヴィレッジの舞木光さんにもご協力いただけることになり、実践に向けた準備が始まりました。

●企画・準備 →

まずは、プレイノベーションが作成した「食育モンスターカード」と「食モンすごろくマップ」を土台にして、打ち合わせを行いました。カードは、赤（体をつくるもとになる食材）・黄（エネルギーのもとになる食材）・緑（体の調子を整える食材）の三色に色分けされていました。三色食品群を学ぶ上では、十分です。

しかし、取り扱っている食材が、使用している家庭科の教科書のものとは違いがありました。そこですでにあった米・ねぎ・ほうれん草のカードに加えて、みそ・大根・わかめ・豆腐のカードを新たに作ってもらいました。

食モンすごろくマップについても、より三色食品群の学習に適した内容に変えて作成をしました。また、児童が食育ゲームを体験するという受動的な

活動だけで終わってしまわないように、学んだことを使ってすごろくマップを作る活動を取り入れた学習過程を組み立てました。

●授業の実際 →

（1）目標・学習・評価の設定

児童に日頃の食生活の課題に気付かせた後、食生活の見直しが日々の健康につながっていくことを説明し、授業を始めました。

T1　今日は、株式会社プレイノベーションの菅家元志さんにお越しいただきました。菅家さん、よろしくお願いします。

菅家さん（以下T2）　（簡単な自己紹介）

T1　今日の学習のゴールは、「すごろくゲームを通して健康な食生活のポイントを考え、それを生かしたすごろくマップを自分たちで作る」です。それでは、始めていきましょう。

（2）食モンすごろくで遊んで、健康な食生活のヒントを探す

児童は普段の食生活で、どのようなことに気を付ければよいかをすごろくゲームを通して考えます。このすごろくマップは、マス目に食生活のポイントが隠されています。このポイントについても、小児科に勤める管理栄養士さんと事前に打ち合わせを行って設定しました。教科書の文章を読むだけでなく、遊びの中で楽しみながら、ポイントを抑えられるようにしました。

また、すごろくのコマとして使う食材モンスターカードにも、食材にまつわる豆知識や、食材の特長を生かした特殊能力が書かれており、食材への興味関心も深められるようになっています。

児童A　じゃあ行くよ。……3だ。1・2・3「苦手な野菜を食べた＋1GP（元気ポイント）」。よっしゃ。

児童B　次、私ね。4だ。あ、特殊能力が出せ

	る！
児童C	とうふ小町の特殊能力は、大豆サポニンの舞！　だって。サポニンってなんだ？
児童A	わからない。後で調べてみよ！
児童B	２GPゲット！　だけど、マスが「お肉だけ食べたー１GP」だぁ。次、Dくんだよ。
児童D	よっしゃ、行くぜネギドラ！……５だ。特殊能力発動！　硫化アリルブレス！！
一同	笑
児童B	硫化アリルって何、面白いんだけど。
児童D	あ、裏に説明書いてあるよ。香り成分の硫化アリルは、体温上昇や血行促進の効果があるんだって！
児童C	すごい。なんか健康によさそうだね！
児童D	しかも、魚・野菜・お米をバランスよく食べた＋２GPだって、やったぁ！

　すごろくで遊び終わったら、活動を振り返って、健康な食生活のポイントをまとめます。

児童B	私、いろいろ見つかったよ。
児童A	じゃあ、１個ずつ言っていこう。Bちゃん、ホワイトボード書いて。まず、僕見つけたのはこれ。「苦手な野菜も」だから、好き嫌いをしないってことがポイントだと思った。
児童C	僕も好き嫌いっていうのは同じだけど、「お肉だけ」だから、食べすぎにも気を付けないといけないと思った。
児童D	僕も一緒。「お米だけ」っていうの、テレビでも太りやすくなるって言ってたの見たよ。
児童C	「だけ」っていうのは、気を付けるポイントだね。

児童B　あと「野菜はたっぷり」っていうのが何回も出てくるでしょ。
児童A　ほんとだ。ここにも、ここにもある。何でだろう？
児童B　でしょ。足りなくなりやすいのかなって思ったよ。
児童C　なるほど。確かに、あんまり「たくさん食べよう！」ってならないもんね。

　その後、話し合った内容を全体で共有し、三色食品群について補足の説明をしました。

（3）「食モンすごろくマップ」を作る

　2時間目は、学習した健康的な食生活のポイントが反映された「食モンすごろくマップ」を自分たちで作ります。できる限り活動に取り組む時間を確保するために、説明はプレゼンテーションソフトを使って行い、いつでも手順を確認することができるようにしました。

児童A　じゃあ、最初にプラスのポイントから考えよう。
児童B　「朝ごはんに野菜を食べた」は？
児童C　いいね。＋1にしておく？
児童A　「1日3食で野菜を食べた」もいいんじゃない？

児童D　「好き嫌いを克服してニンジンを食べた」もいいよね。
児童C　いいね、2ポイントにしよう。
児童B　マイナスはどうする？
児童C　「お菓子を食べすぎた」とかはどう？
児童A　いいね。お菓子って、何色の食べ物なんだろう。調べてみるね。

児童D　「お肉を食べすぎた」もいい？
児童A　「お肉だけを食べすぎた」にすればい

いんじゃない？

児童B　なんか、贅沢だね。

（4）「食材モンスターカード」を作る

　3時間目は、自分の家庭のみそ汁で使われる地元の食材や旬の食材について調べ、「食材モンスターカード」を作りました。児童には、事前に保護者に対してみそ汁によく使う食材についてインタビューをしておいてもらいました。保護者から聞いた食材について、学校のタブレット端末を2人で1台使って、調べながらカードを作成していきます。カードには、食材の豆知識や特長を書く欄を設け、食材に対する関心を持ってもらうこともできるようにしました。

　このカードをコマにして、2時間目に作成した食モンすごろくマップで遊ぶことで、この単元の7時間目以降に行う調理実習のレシピが完成するようになります。

児童A　ねぇ、ちょっと（タブレット）貸して。

児童B　はい。何について調べるの？

児童A　凍み豆腐（一般的には高野豆腐と呼ばれる）。

児童B　あー。うちも入れる。凍み豆腐って、豆腐と同じじゃないの？

児童A　え、凍み豆腐は、凍み豆腐でしょ。とりあえず調べてみる。凍み豆腐って、高野豆腐とか凍り豆腐って言うんだって。

児童B　凍み豆腐って、方言なんだ。凍み豆腐のよさって何なの？

児童A　うんとね……豆腐と同じで、たんぱく質を多く含んでいる。あとは、食物繊維とミネラルが豊富だって。ビタミンが少ないから、野菜と合わせると

いいみたい。和食では、どんな味付けにも合う万能食材っても書いてあるよ。
児童B　そうなんだ。確かに、いろんな料理に入ってるね。名前どうする？
児童A　うぅん。シミプーかなぁ。

（5）すごろくで遊んで、ご飯とおみそ汁の組み合わせを考える

　カードが完成したら、2時間目に作った食モンすごろくマップで遊びます。このすごろくにはイベントマスがあり、進んでいくうちに他の食材モンスターを仲間にしていくことができるルールになっています。そしてゴールした時には、ご飯とみそ、みそ汁に入れる3種類の食材モンスターカードが全員の手元にあるようになっています。全員がゴールした後に、全員の食材カードのバランスを比べて、一番栄養バランスが良いと思うものを選ぶと、それが調理実習のレシピになります

◉評価・ふり返り ➡

　学習のまとめでは、他のグループで作成したすごろくマップのマス目を見合います。そして、健康的な食生活をする上で好ましい食べ方とそうでない食べ方が書かれているかを確かめ、個人で振り返りを書きます。

●大人トーク →

T1　早速ですが、二人はどうして今の仕事をしようと思ったのですか。

菅家　はい。私の両親はどちらも、会社の経営に関わる仕事をしています。その両親の影響で中学生の頃から、会社経営に関わる仕事をしてみたいと思っていました。

T1　迷いはなかったのですか？

菅家　大学院卒業後に、どこかの会社に就職しようかと迷ったこともありました。でも、東日本大震災と原発事故がきっかけで考えが変わったと言いますか、「後悔がないように、しっかりと生きよう」と思って、それができる会社を自分でつくりました。

T1　舞木さんは、実は元小学校の先生なんだよね。

児童　えー！

T1　どうして先生を辞めて、今の仕事に就いたのですか？

舞木　はい。学校の外にはプロ、専門家と呼ばれる人がたくさんいるのに、僕だけが子どもに教えているってことに疑問を持ちました。そういった人たちを交えて教育を行ったほうがより生きた教育、個性を伸ばす教育ができるのではないかと感じたんです。そこで、もう一つ興味があった農業という仕事に挑戦しようと思いました。それを生かして、学校の外から、子どもに野菜の本当の美味しさ、農家のかっこいい姿を見せて教育に関わりたいなと思ったんです。……（児童の質問に移る）

児童　小学生の勉強で、今の仕事に役立っていることは何ですか。

菅家　仕事をするということはお客様や取引先、従業員など様々な人とのコミュニケーションが必要になるのね。国語や道徳で身に付ける、人の気持ちを察する力はけっこう重要かな。あと、この中でゲーム関係の仕事に就きたいと思っている人はいる？（児童数名が手をあげる）じゃあ、特

　　　別に。これなんだかわかる？　これは、さっき一緒に遊んだゲームのソースコードっていうものなのね(ディスプレイにソースコードが映し出される)。
児童　(口々に)うわー！　すっご！
菅家　これね、実は算数と英語なんだよ。算数や英語は、自分の考えを伝える上でも、プログラミングでも役に立つと思うよ。
児童　今の仕事について、よかったと思うことはどんなことですか。
舞木　本気で働く、かっこいい大人にたくさん出会えたことですね。やっぱり、何かに挑戦をする人ってすごくかっこいいんですよ。そんな方々と、一緒に仕事ができることは本当に楽しいです。一つの野菜に、たくさんの人が関わり、努力があり、ドラマがあり、それをいろいろな人に伝えることができるのはとてもやりがいがありますね。
T1　それは、学校の先生という仕事でも、同じかもしれませんね。
舞木　そうですね。子どもには、勉強以外にもいろいろな個性やよさがあるということを学びました。その中で、得意なことをやってもらうと本当にいきいきしているなと感じました。学校の子どもたちに、自分の個性が発揮できる場所で活躍してほしいという想いと、農家さんの力を最大限に引き出して一緒にやっていくというのは似ていますね。
菅家　僕はやはり、自分たちが考えぬいて作り出したアプリやカードゲーム等が、お客様に喜んでもらえることがとてもうれしいです。そして、会社の従業員が他の人にほめられると、自分のこと以上にうれしく思います。
T1　あ。それも、学校の先生という仕事でも一緒かもしれません。
児童　大きな壁にぶつかったときはどうしますか？
菅家　大きな壁かぁ……。何か大きな壁にぶつかった経験があるの？
児童　今ではないけど、スポ少(地域のスポーツクラブのスポーツ少年団のこと)とか、勉強とか……あと、これからあるかもしれないし。

菅家	うんうん。あるよね、そんな時。僕は、まず深呼吸をします。次に、大きな壁とは本当に大きな壁なのかを考えます。その上で、その壁の乗り越え方を自分なりに考えます。伝わるかな？（繰り返す）
児童	（頷きながら）あー。
菅家	それでも行き詰ったら、すぐに仲間に相談して乗り越え方のアドバイスを聞いて、解決にむけて行動を開始します。一人で悩み続けることは何の得もないんだよね。自分なりに考えつつも、すぐに行動することが大切だと思います。『大変』って言葉があるでしょ？　大変なことをしなくちゃいけないと思うと、なんだか嫌な気分になるよね。でも、漢字を見ると大きく変わるって書く。それをしたら、自分が大きく変われる、社会を大きく変えられることなんだよね。だから、『よっしゃ、やるか！』ってなるよね。大きく変えられない、人の役に立たないものは、そんなに大切じゃないってことだから、悩むこともないのかもよ。
児童	これからの目標は何ですか？
舞木	野菜を通じて、かっこよく働く大人の姿をもっといろいろな人に伝えていきたいです。そして、福島にはおいしい食べ物がたくさんあるんだ、魅力であふれている土地だということを知ってもらいたいです。私は、学校現場は離れましたが、いつも教育のことや未来を創る子どもたちのことを考えています。今の仕事を通じて、未来を創る力に少しでもなれればと思います。
菅家	世の中の多くの人に喜ばれるような商品を、もっとたくさん作っていきたいです。現在は福島県内のお客様を中心にお仕事をしていますが、今後は日本中・世界中のお客様とお仕事をしていきたいです。また、そのためには会社づくりも大切です。私が経営する会社自体を、よりよいチームにできるように努力していきたいです。

コラボレーション授業の実践事例2
イタリアンシェフと一緒にハンバーグ定食を作ろう!

単元名	「食べて元気に!」(8～10時間/11時間扱い)
協力者	夢成株式会社　マネージャー　中城　輝さん 　　　　　　　　料理長　　　　高林　誠さん

目標	実習計画に沿って、おいしいご飯とみそ汁を調理することができる。
学習	(1) 実習計画と、今日の学習の流れを確認する。 (2) シェフの実演を参考にしながら、ご飯とみそ汁の調理実習を行う。 (3) 豆腐ハンバーグの調理と、盛り付けを行う。 (4) 試食する。
評価	立てた実習計画をもとにして、正しい手順や分量でご飯とみそ汁の調理に取り組むことができる。

育成すべき資質・能力 三つの柱との関連	1)「何を知っているか、何ができるか(個別の知識・技能)」 　だしの取り方やご飯の炊き方を理解し、衛生的で手順に沿った調理を行うことができる。 2)「知っていること・できることをどう使うか(思考力・判断力・表現力等)」 　上手なだしの取り方やお米のとぎ方を使って、調理を行うことができる。 3)「どのように社会・世界と関わり、よりよい人生を送るか(学びに向かう力、人間性等)」 　食事が人々の生活を豊かにしていることや、飲食業の方々が食を通しての人々を幸せにしようとしていることに気付き、食を大切にした人生を送ることができる。

●実践が生まれたきっかけ →

　この実践は、「食育モンスター」の実践を協働で行った、株式会社プレイノベーションの菅家氏からの紹介で生まれました。菅家氏は、郡山市内の飲食店経営者の方々とも親交が深く、その中のお一人が、菅家氏の話を聞いて興味を持ってくださいました。そして、ご紹介いただいたのが「肉と野菜の農家イタリアン〜Arigato〜」です。そこで、当時マネージャーを務めていらっしゃった中城輝さんと、料理長を務めていらっしゃる高林誠さんと一緒に、準備を進めていくこととなりました。

　また、株式会社コンセプト・ビレッジの舞木光さんにも引き続きご協力いただけることになり、実践に向けた準備が始まりました。

●企画・準備 →

　まず、ご紹介いただいたArigatoさんに、電話でご挨拶をしました。そこで、今後の情報交換のためにSNSでのやり取りをお願いし、承諾を得てSNSのグループ機能を用いてやりとりを始めました。Arigatoを運営している夢成株式会社さんは、「食と教育を通じて人々を幸せにする」という企業理念をお持ちで、授業で行う調理実習にも積極的で柔軟に対応してくださいました。

　SNSで当日の指導過程をお送りし、その改善をしていくやりとりを数回繰り返した後、Arigatoさんに直接伺って打ち合わせを行いました。もちろん、この打ち合わせを行ったのは、退勤後の時間です。しかし、Arigatoさんの美味しい料理と、教育と仕事に対して熱心な思いをもつ中城さんや高林さんとの打ち合わせは、とても楽しいものでした。

　そして、私自身にとっても、他の業種の方が教育にどのような思いを抱いているのかを知ることのできる貴重な時間でした。その時の打ち合わせで、

調理実習の品目や進め方、児童にレクチャーする場面での役割分担等を決定し、当日を迎えました。

●授業の実際 →

(1) 目標・学習・評価の設定

T1　前回までの授業で、栄養のバランスに気を付けた食事のとり方について学び、調理実習の計画も立てました。今日の学習のゴールは、「安全で手際よく、おいしいご飯とみそ汁を調理をする」です。それでは、始めていきましょう。

T1　そして今日は、プロの手際のよさをみんなに見てもらうために、郡山市安積町にある肉と野菜の農家イタリアンArigatoというお店から、中城輝さんと高林誠さんにお越しいただきました。中林さん、高林さん、よろしくお願いします。

高林さん（以下T2）、中城さん　よろしくお願いします。

(2) シェフの実演を参考にして、ご飯とみそ汁の調理を行う

　班ごとに実習計画を確認し、身支度を整えた後、まずは高林さんに調理を実演していただきました。その際、調理器具の使い方や安全面での解説は作業の前後に話していただくようにしました。作業のスピードは普段と同じように行っていただくためです。児童たちに、本物を見せることがゲストティーチャーの役目です。それを最大限に生かした上で、児童がわかりやすくなるように記録したり、繰り返したり、補足したりする作業を担任が行いました。

T2　じゃあ次に、みそ汁の具材を用意していきます。このテーブルでは、郡山の農家の方が育てたねぎと二本松で作った豆腐、二本松の農家さんが育てたなめこを使います。お豆腐は、どんな形に切るの？

児童　さいの目切り。

T2　そうですね。じゃあ、やってみるよ（高林さん、手の上に豆腐を載せ

第3章　学級経営が主役のカリキュラム・マネジメントの実際

　　　　て、豆腐を上からマス目上に切る)。
児童　　(口々に) えっ！　はやっ！　(身振り手振りを加えながら小声で隣の
　　　　子に) こうやってから、こうなんだ。
T2　　手の上で、包丁を動かさなければ、手は切れないよ。包丁は、前後に
　　　　動かすとよく切れる道具なんだよ (まな板の上で、横から切れ目を入
　　　　れていく)。柔らかいので、優しくおさえて、引いて切るのがポイント
　　　　です。……(5分ほどでみそ汁が完成)
T1　　質問はありますか？　それでは、やってみましょう。
児童A　最初、ぼくやるね。ねぇ、手の上に、豆腐がのんない (載らない)！
児童B　あはは。
T2　　でしょう。無理しないで、今日は
　　　　まな板の上で切ってごらん。
児童A　いくよ。いい。(豆腐を切る) 柔
　　　　らかい！

児童C　あたしも切りたい。(豆腐を切る) なんか、気持ちいい。
児童D　次、横から切るね。そっとおさえて……んっ、んっ……。
児童B　Dくん、前後にやさしく動かしながらだよ。
児童D　(前後にやさしく動かす) おぉー、スイスイ切れるよ。
児童B　本当だ。スイスイ切れる！

　みそ汁の調理が終わり、炊飯に取りかかります。授業では、炊飯用のガラ
ス鍋を用いますが、飲食店や家庭でこの鍋
を用いることはほとんどありません。ま
た、火加減が難しく、失敗しやすい調理で
もあります。そこで今回は、高林さんから
の申し出もあり、事前の打ち合わせの際に
ガラス鍋を Arigato さんに持参し、試作し

ていただいていました。

T2　給水が終わったので、ご飯を炊いていきます。みんなは、この鍋使ったことはあるの？

児童　ありません。

T2　そうだよね。私も、小学校の時に使った以来です。でも、この鍋だと、どういう風にお米が炊けて、ご飯になるのかが見えるので、見ながら炊いてみてね。

T1　高林さん、今回の炊飯では火加減がポイントになると思うのですが、強火・中火・弱火がそれぞれどのくらいの火なのか見せてください。

T2　わかりました。じゃあ、弱火から。

　こっちから見てみて（児童は順番に火の強さを確かめる）。次に中火は……。

児童　（口々に）へぇー。思ってたより弱いなぁ。

T1　質問はありますか？　それでは、始めてください。

児童E　火をつけるよ。最初は……あれ、強さどうするんだっけ？

児童F　最初は強火だって言ってたじゃん。あ、ほら黒板見て！

児童E　本当だ。いくよ。（火をつける）

児童　（しばらく、じっと火を見ている）

児童G　ねぇ、今片づけられるもの片づけない？

児童H　そうだね。そのボールとざるとって。

児童E　僕たち、何する？

児童F　お茶碗とか、ふいてればいいかな。

（3）豆腐ハンバーグの調理と、盛り付けを行う

　この日の調理実習では、美味しいご飯とみそ汁を作ることがねらいでし

た。それに加えて今回は、Arigato さんのご厚意により、地元で作られている豆腐を使った豆腐ハンバーグも作らせていただくことになりました。

T2　今日は、ご飯とみそ汁に加えて、豆腐ハンバーグも皆さんに作ってもらいたいと思います。

児童　おー！　やったー！　えー！

T2　では、実際に作ってみるので、こちらに集まってください（実際に調理を実演する）。以上です。質問はありますか？　では、皆さんもやってみましょう。

児童A　僕からやるね。ん、重い！

児童B　本当だ。これ、大変。

児童C　こんな形でいいかな？

T2　上手にできてるよ。

児童D　どれどれ？　私こんな形になりました。

T2　形は、きれいだね。もう少し小さくして、厚くしたほうがいいかな。

児童D　こんな感じですか。

T2　うん、いいね。じゃあ、焼いてみよう。

児童D　いくよ。（しばらくして）ひっくり返すね。うわぁ、難しい！　あぁ、ひっくり返りません。

T2　じゃあ、一緒にやってみよう。せーの（児童と一緒にフライ返しを持って、ひっくり返す）。

児童　おー！

　児童たちが作業をしている間に、中城さんと高林さんには付け合わせのサラダとフライドポテトも作っていただきました。どちらも福島県の農家さんが育てた野菜を使用したもので、児童にも解説をしていただきました。

（4）試食する

　全員分の調理が完成し、皿に盛り付けをしました。その後、校長先生や事務職員の先生をお招きして、試食会を行いました。

児童　いただきます。

児童　（口々に）おいしい！　うまい！

T1　お米の炊き具合や、だしの風味が感じられたか、メモを取っておいてね。

児童A　ご飯の柔らかさ、ちょうどいいよね。さっき（蒸らす前）より、ベタベタしてないね。

児童B　このみそ汁、すごい美味しい。この味（のもとになっている食材）が、鰹節だったんだ。

T2　よく味わってるね。豆腐ハンバーグはどう？

児童C　すごい柔らかくてふわふわです。

児童A　焼き具合も、ちょうどよかったね。

　試食を終えた後、振り返りカードで、今日の目標の達成度を記述して、授業を終えました。

●大人トーク ➡

T1　最初に、皆さんに聞きたいんだけど、「働く」という言葉に、どんなイメージがありますか？　連想ゲームのように、思いつく言葉をホワイトボードに書いて、見せてください。

児童　（仕事。残業。給料。つかれる。責任重大。いのこり。大変そう。大

変なこともある。お客さんからのすてきなプレゼント。我慢。)

T1　いろいろな考えが出ましたね。ちなみに、お客さんからのすてきなプレゼントってどういうこと？　もう少し教えてくれますか。

児童A　働いて、お客さんに感謝されたり、お礼を言ってもらったりするとうれしいから、働くとお客さんからすてきなプレゼントがもらえると思いました。

T1　なるほどね。そのあたりも後で詳しく聞けたらいいね（この時間の目的と目標を確認する）。では改めて中城さん、高林さん、よろしくお願いします。中城さんは、マネージャーというお仕事をされているとお話しされていましたが、具体的にはどのようなことをするお仕事なのですか。

中城　そうですね。マネージャーという仕事は、会社が運営している飲食店で働いている人たちに、今よりももっと楽しく働いてもらえる仕組みを考えるということをしています。ちょっと、この動画を見てください。

　ここで、中城さんが社内で作っている動画を流す。中城さんが勤める夢成株式会社では、毎月アルバイトを含むスタッフの表彰を行っています。その中では、それぞれのスタッフの方のよいところやその月の誕生日のスタッフのお知らせ等を紹介していました。

中城　今の動画のように、毎月頑張っているスタッフを表彰して、応援しています。その頑張っているスタッフは、これで決めます。（児童に紙を見せる）なんだかわかりますか？

児童　えっ、なんだろう。アンケート？　なんかいっぱい書いてある。

中城　これは、ご来店いただいたお客様に書いていただく、スタッフへの通知表なんです。

児童　あぁ！　見たことある！

T1　働いている人たちが、とても楽しそうでしたね。高林さん、実際にArigatoで働くのは楽しいですか。

高林　もちろんです。マネージャーがスタッフを支えてくれて、お客様が美味しかったと言ってくれて、大変なこともありますがとても楽しいですよ。それに、私たちスタッフも、お互いに楽しく働き合うために、思いやり合っています。

　その後も、担任からいくつかの質問をさせていただいた。内容は、どうして今の職業を選んだのかなどについてでした。その後、児童からの質問タイムに移りました。

児童　お客さんと、会うのは怖くないですか？

中城　面白い質問だね。○○くんは、なんで怖いって思うの？

児童　僕は、緊張するし、変なことをしたら怒られるんじゃないかと思って、お客さんに会ったり話したりするの怖いなって思いました。

中城　なるほどね。実は、僕も仕事でお客さんをすごい怒らせてしまったことがあって、その時は「あぁ、嫌だなぁ」「会いたくないなぁ」って思ったことがありました。でも、そのままではいけないから、そのお客さんの話を聞いて、一生懸命謝って反省しました。そうしたら、その

お客さんから声をかけてもらえるようになって、応援してもらえるようになったんです。その時から、もし失敗してもきちんと謝って反省すれば、気持ちは伝わると思うようになりました。そして、そういう失敗も、自分の行動次第でチャンスになるんだってことがわかりました。

児童　新しい料理を考える時には、どうしますか。

高林　Arigato では、舞木さんの勤める会社などに協力してもらって、農家さんからその日の朝に採れた野菜を仕入れています。時には、農家さんと会って直接お話をすることもあります。なので、農家さんとはとても近い関係なんですよ。新しいメニューを考える時などは、農家の方に野菜の特徴を聞いて、その良さがどうしたら引き出せるかを考えます。

中城　それから、お客さんに料理の感想を聞いて、一度できた料理をさらに良くしていくという工夫をすることもありますね。

児童　今、自分の目指しているものは何ですか。

中城　私たちの会社は、食と教育を通じて人々を幸せにするということを大切にしています。なので、これからも今日のような取り組みなどで多くの子どもたちを笑顔にしていきたいと思っています。そして、働いているスタッフにも、ここで働いてよかったと思ってもらえるような職場を作っていきたいです。

コラボレーション授業の実践事例3
自分の意見を新聞に投書しよう!

単元名	「新聞を読んで投書しよう」（4～6時間目／8時間扱い） 『福島民報　2018年5月15日号』（福島民報社）
協力者	福島民報社地域交流局新聞講座委員　市川純一さん
目　標	新聞の役割と読み方を学び、実際に新聞を読んで印象に残った記事についての投書メモを書くことができる。
学　習	(1) 映像教材「新聞ができるまで」を見て、取材から発行までの新聞社の働きを知る。 (2) 新聞の社会的役割と、新聞の読み方について話を聴く。 (3) 新聞を読んで、印象に残った記事についての構成メモを書く。 (4) 質問タイムで、新聞社の仕事について知りたいことを聞く。
評　価	新聞を読んで、興味を持った新聞記事を選び、それに対する説明・意見・理由・主張をメモに書くことができる。
育成すべき資質・能力 三つの柱との関連	1）「何を知っているか、何ができるか（個別の知識・技能）」 　　新聞の役割と読み方を知り、新聞を読むことができる。 2）「知っていること・できることをどう使うか（思考力・判断力・表現力等）」 　　学んだ読み方を使って新聞を読み、興味を持った新聞記事を見つけて、それに対する意見を投書することができる。 3）「どのように社会・世界と関わり、よりよい人生を送るか（学びに向かう力、人間性等）」 　　社会で起きている出来事や社会の課題に関心を持ち、投書を通して自分の意見を主張することで、社会参加をすることができる。

◉実践が生まれたきっかけ →

　この実践に取り組む半年ほど前に学校に届いた案内を読んで、福島民報社で「民報号出前授業」*¹という取り組みを行っていることを知りました。この取り組みは、「取材から構成、印刷、配達までの一連の新聞づくりの流れを映像で紹介し、ニュースの最前線で働く本社編集スタッフがニュースの価値判断や見出し、写真の役割など新聞づくりについて事例を交えて分かりやすく解説する出前授業」*²です。この取り組みを知り、児童たちに新聞をより身近なものとして感じてもらうために、ぜひ授業で取り組みたいと考えました。そこで、国語科で新聞を題材にした単元の学習をする時期に合わせて、申し込みをすることにしました。

◉企画・準備 →

　まず、福島民報社に「民報号出前授業」の申し込みについて、電話での問い合わせを行いました。本単元では、新聞を読んで持った意見を投書するという活動を学習の成果物として設定したいと思いました。先述した「民報号出前授業」の一般的な取り組み内容では私の思い描く学習目標とは合致しないので、出前授業の内容を一緒に作らせていただけないか、と依頼したのです。そして、担当の方に了承いただき、申し込みを行いました。申し込みはFAXで行いましたが、その後のやり取りはメールで行わせていただきたい旨をお伝えしました。そして、その後はメールを使って授業の打ち合わせを進めました。

　打ち合わせでははじめに、これまでの解説型の出前授業でお話ししていた

＊1　移動編集車「民報号」派遣のご案内 https://www.minpo.jp/eshinbun/pdf/IdouhensyuusyaMinpougouHaken.pdf
＊2　同上

内容を箇条書きでお送りいただきました。その案を土台にしながら、児童の活動を取り入れたワークショップ型の指導案を作成していきました。

　私は、投書原稿を書くという活動を想定していましたが、担当の市川さんのご助言をいただき、投書の構成メモを書くという活動を設定しました。その他、「時間短縮のために、投書に取り上げる記事は限定して、児童に渡すか」などの細部についても打ち合わせを行いました。そして、新聞の切り抜きから投書の構成メモを書き、後日原稿用紙に清書をし、投稿するという学習の流れが完成しました。

●授業の実際 →

(1) 目標・学習・評価の設定

T1　今日は、福島民報社の市川さんにお越しいただきました。市川さん、よろしくお願いします。

市川さん（以下T2）　（簡単な自己紹介）

T1　今日の学習のゴールは、「新聞を読んで、興味を持った新聞記事を選び、それに対して考えたことを構成メモに書く」です。それでは、始めていきましょう。

(2) 映像教材を見て、取材から発行までの新聞社の働きを知る

T2　これは何でしょう？

児童　え？　何だろう？　新聞みたいだけど、古いね。

T2　これは、今から約120年前に発行された、福島民報の第1号です。さて、今日発行されたのは第何号でしょうか？

　福島民報の第1号を提示して児童の興味関心を引き、これまでにたくさんの情報を福島県民に発信し続けてきたことを伝えます。そして、1人に1部ずつその日発行の新聞を配付します。

T2　新聞には、どんなことが書いてある？

児童　その日あった事件のことが書いてあります。
児童　スポーツの試合の結果もあります。
児童　テレビ番組の予定もあります。
T2　そうだね。いろいろな情報が書かれているよね。じゃあ、この中にいくつの記事が入っていると思う？
児童　500！……300！……（次々に）
T2　正解は約800件です。行数にすると、１万５千行の情報が書かれていることになります。では、どのようにしてこの新聞が作られるか、今日は映像を用意してきたのでこちらを見てください。

児童　（映像教材「新聞ができるまで」を視聴する）

（3）新聞の社会的役割と、新聞の読み方についての話を聴く

T1　新聞ができるまでには、たくさんの方の仕事があることがわかりましたね。ところで皆さんの周りには、様々な情報を得る手段があると思いますが、普段皆さんは、どうやってその日の出来事などの情報を得ていますか？
児童　テレビのニュースです。
T2　なるほど。皆さんは、テレビから情報を得る人が多いようだね。その他に、最近はインターネットから情報を得る人も増えてきています。では、新聞とテレビやインターネットの違いって何でしょうか？

　テレビと比較した新聞の特徴について、見出しの一覧性をあげ、自分の興味のある記事から読み始められることを解説しました。また、インターネットと比較した特徴として、正しい情報を伝えるための工夫や努力について解説しました。講話の形式をとった場面でしたが、児童は実際に働くプロのお話に興味を持って、集中を切らすことなく聴いていました。

（4）新聞を読んで、印象に残った記事についての構成メモを書く

T2　では、実際に「見出し」に注目して、自分が興味を持った記事を探してみましょう。

児童　あっ、大谷翔平選手の記事がある。

児童　すごぃい、おばあさんたちが踊りを踊ったんだってぇ。

児童　このヨーグルト、知ってる！

児童　ねぇねぇ、これ見て。芥川賞作家の方が南相馬に住んでるんだって。すごいね。

　児童は、自分たちの興味関心に合った記事を探して、互いに交流しています。当日の記事の内容が児童にとって難しく、興味を持てないものであった場合を想定し、子ども向けの新聞記事も用意していましたが、今回はその記事の出番はありませんでした。

T1　「面白そう」や「なんか変だなぁ」や「みんなに紹介したい」と思った記事はありましたか？

児童　（うなずく）

T1　では、その記事から考えを広げて、構成メモを書いてみましょう（ワークシートを配布）。

　児童は、自分が興味を持った記事について、ワークシートに考えをまとめます。このワークシートは、前時までに学習している投書の基本的な構成をもとに作成しました。なので、どのような内容を書けばよいのかは、教科書の教材文を参考にして考えることができます。また、一人では考えがまとまらず、友達と相談して書いている児童もいました。20分という時間を設定して、書けるところまで書くこととしましたが、ほとんどの児童が時間内に書き終えることができていました。

　最後に、出来上がった構成メモを読み上げて市川さんに聞いていただき、

第3章　学級経営が主役のカリキュラム・マネジメントの実際

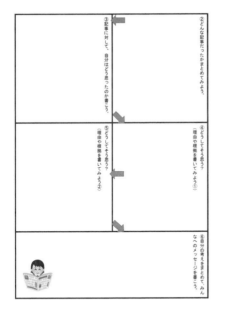

ワークシート「新聞の切り抜きから考えを広げて」

投書にする際に付け加えたり、詳しく書いたりするという点についてアドバイスを受けました。

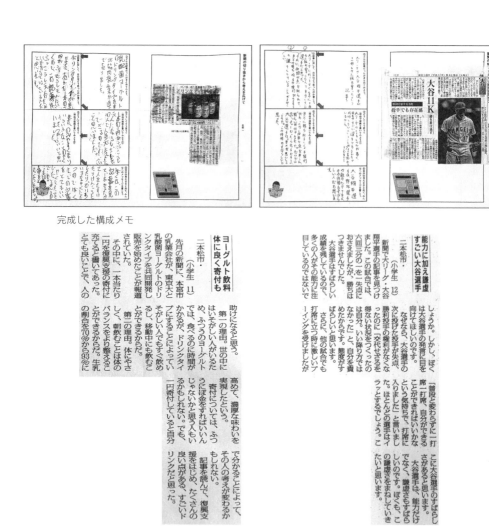

完成した構成メモ

掲載された投書（福島民報社提供）

この他に2名の投書が掲載されました。

◉大人トーク ➡

この日は、時間に限りがあり、はじめから児童の質問タイムを行いました。

児童　どうして、新聞記者になろうと思ったんですか？
市川　はい。新聞記者という仕事は、いろいろな所に行って、まだ、他の人たちが知らないことを見たり、聞いたりすることができます。誰も知らないことを知るって、皆さんもわくわくしますよね？　そして記者は、それをみんなに伝えることができる。こんなに、いつもわくわくできる仕事は他にないと思ったからですね。
児童　新聞記者になって、良かったことはなんですか？
市川　他の仕事をしていたら会えなかった、いろいろな人、たくさんの人に出会えたことですね。……そしてやっぱり、その人たちしか知らない話を聞けたことです。そこがこの仕事の面白さだと思いました。世の中で起きていることを真っ先に知って、何万人もの人に伝えることに、とてもやりがいを感じます。だから、そんな仕事ができるたびに、あぁうれしいなぁと思いますね。
児童　仕事は大変ですか？
市川　それは、体が大変ということですか？　それとも、気持ちが大変ということですか？
児童　体かもしれませんが、働く時間の長さはどのくらいかということです。
市川　なるほど。先ほどお話しした通り、新聞社の中でも、いろいろな仕事を役割分担しながら取り組んでいますよね。その部署によって、働く時間は変わってきます。私が前にいた部署では、長い時には〇時から△時までなどという時もありました。
児童　えー！
市川　というのも、新聞社は事件や事故があったら、いち早く県民の皆さんにお知らせできるようにしなければなりません。緊急時は、その役目を果たすために対応していく必要があるんですね。今は、その部署とは違うところにいるので、それほど遅くなく□時頃には帰っています。

T1　最後に、子どもたちにこれからどのように新聞と関わっていってほしいかを教えてください。

市川　はい。皆さんには世の中のいろいろなことを知って、自分で考えていってほしいと思います。その力を身に付ける一つの方法が、新聞を読むことになります。ぜひ、これからも新聞を読むことを通して、考える力を伸ばしていってください。

●実践のその後 →

　投書が掲載された後、先に紹介した投書で取り上げたヨーグルトを製造している会社の方から学校に連絡がありました。「投書を読んだ社員の方が、社内の方々に紹介されたそうです。社員の方々も喜んでくださり、社長さんが投書をした児童に感謝状を渡したいとおっしゃっている。」との連絡でした。本人の家庭、上司と相談し、感謝状をいただくことになりました。

　さらに後日、福島民報に、一つの投書が掲載されました。それは、本校児童の投書を読んだ、別の市町村の小学生が書いたものでした。

　さらにまた後日、一連の取り組みに対する取材を受け、また児童たちの考えを多くの県民の方に知っていただく機会を得ることができました。

　ALデザインシートにある（62頁参照）ように、この実践に取り組む際に私は、「社会で起きている出来事や社会の課題に関心を持ち、投書を通して自分の意見を主張することで、社会参加をすることができる」ようになってほしいと願っていました。そして、実際に原稿を書いて投稿したことは児童にと

って、社会からの反応を強く感じることができる経験となりました。家族や近所の方、他学年の児童など多くの方から声をかけられた児童もいました。

自分たちの声が、社会に響いているという感覚を得て、より一層、社会の一員としての自覚を持つことができたのだと思います。
（紙面は、福島民報社提供）

コラボレーション授業の実践事例 4
語りつなぐ　ふるさと新殿

単元名	「地元学」（総合25時間扱い） 「地域の人をまねいて」（総合9時間扱い） 「町の未来をえがこう」（国語科10時間扱い）
協力者	福島テレビ株式会社 ・鈴木延弘さん（総務部）・龍田雅弘さん（編成部） ・藺草英己さん（制作部）・浜中順子さん（アナウンス部） ・地域の方々（伝統行事、産業）

目標	自分たちが暮らす地域について調べ、取材し、わかったことや考えたことを効果的に伝えることができる。
学習	(1) 学習の見通しを持ち、下調べを行う。 (2) 扱う題材を決めて、取材・撮影の計画を立てる。 (3) 取材の仕方を学び、取材・撮影を行う。 (4) 取材してわかったことを伝えるために、映像とプレゼンテーションの構成を考える。 (5) アナウンスについて学び、プレゼンテーションによる発表を行う。
評価	・必要な情報を手に入れる方法を考え、計画的に下調べを行ったり、取材のアポイントメントを取ったりすることができる。 ・わかったことや考えたことを、映像を用いたプレゼンテーションで伝えることができる。

育成すべき資質・能力 三つの柱との関連	1)「何を知っているか、何ができるか（個別の知識・技能）」 　地域にはどのような伝統があるかがわかる。地域の伝統について調べ、わかったことを発表することができる。 2)「知っていること・できることをどう使うか（思考力・判断力・表現力等）」 　取材から考えたことを、資料の提示やアナウンスを工夫して、効果的なプレゼンテーションで伝えることができる。 3)「どのように社会・世界と関わり、よりよい人生を送るか（学びに向かう力、人間性等）」 　正しい情報の大切さを知り、情報と適切に関わっていく。 　地域の一員として、自分にできることを考えて生活することができる。

●実践が生まれたきっかけ →

　コラボレーション授業の実践を続ける中で、その成果を教員の方々の前で発表する機会をいただくことがありました。そんな中、教員の知人から「テレビ局の方が、学校での授業づくりの取り組みを考えて、受け入れ先を探しているのでやってみませんか」というお話をいただきました。ちょうど本校では、地域の公民館と連携した「地元学」という事業に取り組んでおり、その成果の発表をどうするかを迷っていました。そこで、テレビ局との授業づくりを通して地域のことについて調べ、学習発表会で成果を発表することにしました。

●企画・準備 →

　まず、福島テレビの方にご来校いただき、改めて取り組みに対するテレビ局側の目的や願いを伺いました。それは、この取り組みを行う以上は、今回の授業を今後他校で実践する際のモデルケースにしたいと思ったからです。そのためには、事前に目的と願いを共有し、テレビ局の方々にも「やってよかった」という実感を持っていただく必要があります。

　また、この時点での目的や願いを確認することは、今後の活動で迷いや思いのずれが生じた時の指針となるため、非常に重要です。この時に確認した、「メディアの良さも危険性も理解した上で、メディアと関わる力を育成したい」というテレビ局側の思いは、最後のプレゼンテーション原稿を考える際に繰り返し児童と確認しました。そうすることで、伝える情報に責任を持つという姿勢が児童の中に身に付いていきました。

　また、授業によって作っていく成果物の形成、内容・時間についても話し合いました。テレビ局と一緒に授業を作る上で、映像を作成できるという魅力はありましたが、限られた時間で目的に迫るために、映像編集はテレビ局

さんが担当するという形にしました。そして、児童にとってメインの活動は、国語科の学習と関連させたプレゼンテーションの作成・発表とすることにしました。

●授業の実際 →

（1）学習の見通しを持ち、下調べを行う

　まずは、自分たちや地域の方がどれくらい地域のことを知っているのかを整理するために、以下のような活動を行いました。

　・地域にある桜の名所での観光客の方への聞き取り調査
　・地域にある天然記念物についての講話
　・地域の中のモノ・ヒト・コトについてイメージマップに書き出す

　次に、その結果をもとにして「何のために、何を調べて」伝えるのかを考えました。

T2　どんなモノ・ヒト・コトが見つかりましたか？
児童　りんごがあると思います。5年生の時に勉強した。
児童　うちでは、おじいちゃんが、高原野菜を作っています。
児童　それなら、隣の家で……。
T2　おぉ。いっぱいあったね。昔からあるものは、どうだろう？
児童　今はやっていないけど、この辺りではどの家でも蚕を飼っていたって聞いたことあります。
児童　たばこの葉っぱも、たくさん育てていたみたいだよ。
児童　僕の住んでる地域では、獅子舞を昔からやっています。
児童　神楽もやっているね。

　見つかったことを整理し、課題を出していきます。

T1　6年生の地元学では、「地域のために自分たちができることを考える」というのが先生たちが話し合って決めた学習のゴールなんだよ。それ

をもとに、みんなにとってのゴールを決めていきたいと思います。つまり、私たちは何のために地元学に取り組むのかってことね。ちょっと相談してみましょう（数分間グループでアイディア出しをする）。

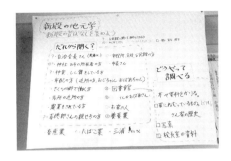

児童　地元について、みんなが知らないことを調べたらいいと思いました。有名なことはみんな知ってるけど、他にもあるから。

児童　新殿地区の歴史や伝統を、まとめて残すのがよいと思います。1個1個の話は詳しいけど、まとまったお話をしてくださる方を探しても、なかなか見つからなかったからです。

児童　他の地域のことを知らない人が多いから、他の地域の歴史とか文化を伝えるっていうのがよいと思います（本校は、三つの小学校が統合されて設立されたが、地域の行事などは別々に受け継がれている）。

　話し合いの結果、学習のゴールは「みんなにあらためて新殿を知ってもらい、新殿を好きになってもらう」ということになりました。そして、そのために扱う題材を「伝統行事」と「産業」としました。

（2）取材・撮影の計画を立てる

　児童たちは、伝統行事班と産業班に分かれ、テレビ局の企画部の方とともに取材対象をリストアップしました。伝統行事班は、公民館等に連絡をしたり、保護者や行事に参加している下級生に聞いたりして取材対象をリストアップしていきました。産業班も、保護者や道の駅に連絡をして、地元で活動をする生産者の方を探しました。

児童A　道の駅に電話をしたんだけど、結構たくさん教えてもらえたよ。

T2　どんなのがあった？

児童A　野菜、栗、りんご、あとは……お米、ごんぼコロッケ、蕎麦かな。
T2　結構見つかったね。じゃあ、生産者の方に電話してみようか？　電話番号は伺った？

町史や冊子から情報を集める

児童A　いや……緊張して聞けなかった……。
児童B　でも、全部聞くんじゃなくて1個ずつ聞いた方がいいんじゃない？　だって、全部は取材できないでしょ？
児童C　確かに。どれにする？
T2　自分たちが伝えたいことを伝えるためには、どなたにお願いするのがいいかな？
児童D　まずは、りんごじゃない？　菊地さんのとこなら、先生に聞けば連絡先わかるし……。

（3）取材の仕方を学ぶ

　取材対象が決まった後は、制作部の藺草さんから取材のポイントやマナーを学びました。また、実際にテレビ局が以前作成した映像を見ながら、映像を生かした伝え方の特徴を学びました。

T2　それでは、今から映像を見てもらいますね。まずは、リポーターの方が必ずしていることは何か、ということに注目して見てください。
　　（動画を見る）
T2　どうでしたか？　4か所のリポートがありましたが、必ずしていたことは何でしょう？
T1　では、隣の人と話して、1分で3つ以上出しましょう。どうぞ。

撮影機材を用いて練習する

第3章　学級経営が主役のカリキュラム・マネジメントの実際

児童A　わかった！　必ず、どこに来たか言ってたよ。
児童B　そうそう、それと簡単な紹介ね。
児童A　あとは、働いている人に質問してた。あと、お客さんにもね。
児童B　感想も言ってたよね。思ったことっていうか……。

（全体で発表し共有）

T2　必ずやっていたこと、他にはないかな？
児童C　あいさつ。こんにちは、よろしくお願いしますっていう、普通の……。

（4）取材・撮影を行う

　午前の半日を使って、町内での取材活動に取り組みました。二つのクルーに分かれて行動し、テレビ局のクルーの方々にもそれぞれ同行していただきました。

（5）プレゼンテーションの構成を考え、映像編集を依頼する

　取材をした後は、わかったこと、考えたことを付箋に書きだして整理をしていきます。そして、考えたことの中から特に印象に残ったことを、伝えたいこととして取り出します。次に、伝えたいことをグループ分けしてプレゼンテーションの柱を決めていきます。次に、どのような順序で話をしていくか構成を決めます。最後に、撮影した映像

依頼書

77

を確認し、必要な映像をリストにして、テレビ局の編成部の方に編集依頼をします。

（6）プレゼンテーションの準備をする

映像の編集が進む間に、プレゼンテーションの原稿と文字と静止画の資料を作成します。文字の資料は、画用紙に手書きしたものをスキャンしてプレゼンテーションソフトに取り込みました。ある程度の原稿が完成したら、実際に声に出して練習をしていきます。練習の度に振り返り、資料や原稿の推敲を続けました。

発表の4日前には、アナウンサーの浜中さんにおいでいただいて、効果的な話し方や伝え方の授業を行いました。

（7）発表をする

発表会には、保護者だけではなく、地域の方々、テレビ局の方々、取材に協力してくださった方々など多くの方にご参加いただきました。発表も無事成功し、後日福島テレビの番組内で特集として放映されました。

（8）振り返る

最後に、学習の成果を振り返ります。前半はグループで活動の成果と課題を整理して、後半はワークシートを活用して個人での振り返りを行いました。今回は、お礼の手紙としてこのシートをコピーしてお送りし、テレビ局の皆さんにとっても、この取り組みを振り返ることができるようにしました。

振り返りのワークシート

●大人トーク →

T1　早速ですが、どうして今回、福島テレビさんはこのような小学校での取り組みを行うことにしたのですか？

鈴木　はい。今は情報を、みんながどのように手に入れて、それを使っていくかということが大事な時代なんですね。ですので、情報の正確さや信用性の大切さを、経験を通して理解してほしかったからです。

瀧田　昔は、テレビ局とかラジオ局とか新聞社しか、情報を出すところはなかったんです。そして私たちは、ずっと嘘の情報を出してはいけないということを信念にして仕事をしてきました。でも今は、インターネットの時代に変わり、いろいろな人が情報を発信できるようになってしまったんです。自由な反面、嘘の情報に対して責任を感じない人も情報を出せるようになってしまった。だから、昔に比べて情報を受け取る側の力、嘘の情報に立ち向かっていく力がとても大切になってきているんですね。だから、そういった力を身に付けてもらいたいという思いで授業をさせていただきました。

T1　今回、小学生と一緒に授業をしたわけですが、お二人は小学校の時からテレビの仕事にあこがれていたんですか。

鈴木　小学校の時は、実家の酒屋を継ぐつもりでいました。でも、大学に行った時にマジックのクラブに入ったんです。そこで、人に喜んでもらえたり、驚いてもらえたりしたことがとても楽しく感じたんです。そう考えた時に、選択肢としてテレビ局もあるな、という進路の選択でした。

T1　なるほど。人が驚いたり、楽しんでくれることが自分の幸せにつながるって感じたんですね。

瀧田　僕の実家は、和菓子を入れる箱を作っている箱屋さんだったんです

児童	ね。ただ、僕は学校の先生になりたくて、大学は教育学部に進みました。なので、実はは先生の免許を僕も持っていたりするんですよ。
児童	えー！
瀧田	ところが、大学に入って、映画やテレビを見るのが好きだということに気が付いたんです。そして、映像をつくる仕事に就きたいなと思って、今の仕事に就きました。
T1	へぇー！　教育学部だったんですね。大学に入って、目標が変わるということもあるんですね。では、ここからは、児童からの質問に答えていただきたいと思います。
児童	今の仕事に就いて、よかったことは何ですか？
鈴木	はい。それは、取材でいろいろなところに行けるということです。そして、その場所で楽しかったとか美味しかったという経験が、また仕事に役立つというのが幸せだなぁって感じますね。
瀧田	テレビ局ってすごく不思議なところで、普通の仕事ではお付き合いする人がだいたい絞られていると思うのね。例えば、モノを売る仕事なら買ってくれる人や一緒につくる人と会うのがほとんどでしょ。だけど、テレビ局の仕事というのは、今はこうして小学生のみんなと会っているけど、別の日にはプロ野球選手と会っているかもしれない。本当に、ありとあらゆる業種の人と会うことができます。そういった、自分が知らない世界の人と出会うのは日々驚きで、自分が成長することなので、すごく楽しい仕事でよかったなと思います。
児童	これからの、目標はなんですか。
鈴木	私はこの会社に入って24年間は、ずっと報道部というところで、ニュースの取材や編集をしたりしていました。なので、これからは報道を担

当する若い記者やカメラマンを育てる仕事をしたいです。育てる仕事って、自分のやり方だけを押し付けてはいけないのね。その人のやり方を尊重しながら、若い人たちを育てる仕事がしたいなぁと思います。
児童　仕事で、いつも心がけていることは何ですか？
瀧田　いつも、自分が楽しく仕事をしようと心がけています。僕たちテレビ局の仕事は、人を楽しませるのが仕事だと思っているので、自分自身が楽しくないことは、きっと相手も楽しくない。イベントや街の情報など何かを人に伝える時、そのことのマニアになるぐらい、好きになって入れ込んで自分が楽しんで、みんなに「こんなに面白いんだよ！」と提案するようにしています。
児童　この仕事で大変だったことは何ですか？
鈴木　放送で、間違った情報が流れてしまったことがありました。間違った時には、放送で訂正をして謝ります。そして、誰かに迷惑をかけた場合は、その当事者のところに謝りに行きます。これは、気持ち的にすごく大変です。
瀧田　テレビ局の仕事って、テレビに映っている仕事がみんなが見ているテレビ局の仕事だと思うんだけど、その映る前の段階で準備していることがとても大切なのね。だから、寒くても夜中でも、何かが起きたら取材に行かないといけない。以前スキー場で、すごい寒い中で看板を縛り付ける仕事をしていたら20mぐらい滑落したこともありました。
児童　この仕事を通して、情報を出すことを通して、どのように人々の役に立ちたいですか？
鈴木　私たちの出す情報で、世の中がよくなっていってほしいのね。例えば、この情報を使うことで生活が豊かになるとか、世の中が正しい方向に向かってほしいと思っています。だから、僕らも正確で速い情報を出そうと思っています。

日常生活での取り組み1
学級生活向上プロジェクト会議

活動名	「学級生活向上プロジェクト会議」 （毎月第2週目の学級活動の時間）
目標	学級生活アンケートの結果をもとに、自分たちの学級生活をよりよくするための取り組みを考え、学級目標の実現に貢献することができる。
学習	(1) 学級生活アンケートの結果から、現在行っているプロジェクト活動の見直しをする。 (2) アンケートの結果から、解決したい課題を考える。 (3) 解決したい課題が同じになった人とグループを作る。 (4) 課題解決のゴールを考える。 (5) 課題解決の方法を考える。 (6) 学級の友達にプレゼンテーションをする。
評価	・自分たちの学級生活をよりよくするためにはどうすればいいかを考え、具体的な取り組みを考えて提案することができる。
育成すべき資質・能力 三つの柱との関連	1）「何を知っているか、何ができるか（個別の知識・技能）」 課題を解決するための話し合い方を知っている。話し合いに参加することができる。 2）「知っていること・できることをどう使うか（思考力・判断力・表現力等）」 解決したい課題と目標、解決のための方法を考えて、プロジェクトを提案することができる。 3）「どのように社会・世界と関わり、よりよい人生を送るか（学びに向かう力、人間性等）」 プロジェクトの実施・運営・改善を通して、自分の所属するコミュニティをよりよくしていくことができる。

第3章　学級経営が主役のカリキュラム・マネジメントの実際

◉本学習にあたって ➡

　このプロジェクト会議は、自分たちが回答したアンケートの結果から課題を見つけ、共通の課題意識を持つチームを作って解決策を考える話し合いです。また、ここで生まれたアイディアを、その後1ヶ月間試行して、改善していく取り組み全体を、プロジェクト活動と呼んでいます。この活動は、身の回りの課題を自分事としてとらえ、解決しようとする力の育成を目的としています。

　もちろん、自治の経験が少ない学級では、負担が大きいプロジェクトや継続の見込みが薄いプロジェクトが生まれ、上手くいかないこともあります。そんな時こそ、どうすれば学級がよりよくなるのかを考えるチャンスです。実験と改善を繰り返して、よりよいコミュニティを自分たちの手で作っていきます。この時に、児童たちの失敗を責めては、挑戦が生まれなくなり、学級に変化や成長は生まれません。プロジェクト活動は、課題解決の試行・実験の場として、たくさんの経験と挑戦を生み出すためのものです。このような経験の積み重ねが、将来自らのコミュニティをよくしていく力や、周囲の課題を主体的に解決できるリーダーとしての資質を育てること

学級生活アンケート（表面）

学級生活アンケート（裏面）

につながります。

●学習の様子 ➡

(1) 現在進んでいるプロジェクト活動の見直しをする

　毎月第2週目の学級活動の時間に、学級プロジェクト会議を行います。そこではまず、前の週に行った学級生活アンケートの結果から、現在行われているプロジェクト活動の見直しを行います。

教師　水曜パーティー（水曜日の業間に行う、内容をくじで決める学級遊びのプロジェクト）について、質問や説明はありますか。

児童A　やめた方が良いと思った理由についてです。最近雨が多いので、せっかくくじでサッカーや鬼ごっこを引いても、できなくて嫌な思いをするからやめた方が良いと思いました。

> 1．水曜パーティーの取り組みについての意見を教えてください。
> 1　続けた方が良い。　　　　　（5人）
> 2　やめた方が良い。　　　　　（1人）
> （理由　雨の日が多いので、いつも同じ遊びになってしまう。）
> 3　方法を変えた方が良い。　　（4人）
> （どうするかのアイディア　体育館が使えるので火曜日にした方がいい。
> くじの枚数を確認した方がいい。）

児童B　それと似てるんですけど、火曜日に行うことにすると、雨の日でも体育館の割り当てがあるので、運動ができていいと思います。

一同　あぁー。確かに。そっかぁ、火曜日なら高学年だもんね。

教師　他にはありますか？　では、火曜日に変えるアイディアに賛成の人は、手を挙げてください。

　話し合う時間は、あまり長くせずに進めていきます。1ヶ月後に、同じように見直しを行うので、アイディアについても1ヶ月のお試し期間で成功だったかどうかを判断すればいいからです。

(2) これから解決したい課題を考え、プロジェクトチームを作る

　次に、新規プロジェクトの立案を行います。アンケート結果及び自由記述に書かれた学級の課題から、自分が解決したいと思える課題を選びます。そ

の後、項目の数を絞り、3〜6人でのグループ分けを行います。そして、グループごとに課題解決に向けたプロジェクトを立ち上げます。ここでの特徴は、一人一人が持っている課題意識を、無理に全員の課題として統合せず、自分が解決したいと思う課題を解決できるようにするということです。社会に目を向けて考えても、課題解決をそのコミュニティの全員が一斉に進めることはほぼありません。最初に課題意識を持った一部の人が行動を始め、賛同者を巻き込みながら課題解決を図っていきます。同じように学級でも「この課題を解決したい」という個々の思いを大切にすることで、児童が課題解決に責任を持つことができるようにしています。

（3）課題解決のゴールを考える

課題が決まったら、どのようになったら課題が達成できたと言えるのかという目標を考えます。ここでは、解決した後の様子を具体的にイメージして言語化させることが大切です。また、プロジェクトの最終目標は、プロジェクトという格好をつけなくても好ましい状態が持続することです。つまり、目標を達成し、プロジェクトを終えるということが「ゴール」です。もちろん、目標達成後も継続によってさらなる成長が見込める場合には、継続するという判断を学級ですればいいのです。クラスでは、それを「殿堂入り」と呼んでいました。

児童A 頼りにできないのは、周りの人が頑張っている人をちゃんと信頼してないってことが原因なんじゃない？

児童B うぅん。それもあるかもしれないけど、頼りにされるように努力していないっていうことが課題なんでしょ。今回は。

児童C つまり、一人一人……というか、みんなが自分がリードするっていう気持ちになっていないんじゃない？

児童A リーダーはクラスに一人でいいんじゃないの？

児童C あ、それだよ！　そういう考え！

児童B　そう思っているうちは、お互いに信頼し合えなくない？
児童C　みんなが少しづつ努力してリードしようとするから、協力できるんじゃないの？
児童A　あぁ、そういうことね。じゃあ、ゴールってどうなること？
児童B　みんなが、リーダーになる努力をする。
教師　　もう少し、具体的にしてみようか。そうなると、どんな行動や言葉が生まれるの？
児童C　あぁ……例えば、自分から行動するとかかな。
児童B　「ぼくに任せて！」かな？　笑
児童A　それだけだと、なんか偉そうだから「大丈夫？」とか「手伝うよ」っていう言葉もほしいな。
児童C　じゃあ、その三つの言葉が増えることがゴールでいいんじゃない？

（４）課題解決の方法を考える

　ゴールが決まったら、いよいよ方法を考えます。この時には、児童たちが扱える裁量（時間・空間・仲間）を明確にし、「休み時間の参加は強要しない」などの約束事を示します。

　ここで教師はつい、「失敗しない方法は……」や「もっと上手くやるには……」と先回りしてアドバイスしてしまいがちです。児童たちは、確かにアイディアは少ないかもしれませんし、そのアイディアに欠点があるかもしれません。しかし、自分たちのアイディアに対する責任感と主体性を持っています。仮に、教師が良いアイディアを出しても、児童の側に責任感と主体性がなければそのアイディアは効果を発揮しません。繰り返しますがこの活動は、学級生活をよりよくすることを目的とした、児童たちのための試行・実験の場です。教師は、１ヶ月の間「やってみなはれ」の精神で見守ることが大切です。

児童A　じゃあどうしたら、「学校で友達と話すの

児童B　とにかく話す量を増やしたらいいんじゃない？　話しかけまくるとか。
児童C　でも、ここの理由見て。「自分が知らない話題でずっと話されるのが嫌」って書いてあるよ。
児童A　あぁ。はい。僕、それ、やっちゃうわ。だってぇ……。
児童D　確かに、○○（ゲームの種類）の話は、やってる人同士楽しいのはわかるよ。でも給食の時間に3人がその話すると、私は話せない。
児童B　た……確かになぁ。じゃあ、○○○の話を禁止……無理だ！
児童C　休み時間にたくさん話して、あとは我慢するのはできるんじゃないの？
児童A　そうだよ。例えば、給食中は、みんながわかる話をするとかってこと。
児童B　あぁ！　それならできると思う。

（5）プレゼンテーションをする

学級の友達に対して、自分たちが考えた企画をプレゼンテーションします。企画にぴったり合った名前を考え  て、名前・目的・目標・方法を1枚の画用紙にまとめて紹介します。最後に質問を受けて、翌日から実施することになります。

●評価・ふり返り →

　プロジェクト活動は、毎月第1週の学級生活アンケート（83頁参照）で評価・ふり返りを行います。可能であれば、もっと短いスパンで振り返るのもよいかと思います。アンケートでは、現在のプロジェクトについて下のような選択肢から選び、それを集計して児童に配布します。この時、始まってまだ1ヶ月のプロジェクトのアンケート項目には、「2」の廃止するという選択肢は記載されていません。一度立ち上がったプロジェクトは、最初から上手くいくことは稀です。でも、試行と改善を繰り返すことでより洗練されていく可能性があるからです。

日常生活での取り組み2
係活動

活動名	「係活動企画会議」（毎月第1週目の学級活動の時間） 「係活動集会」（毎月第4週目の学級活動の時間）

目標	自分の興味や関心を生かして、学級生活をよりよくするための取り組みを企画・実行し、学級目標の実現に貢献することができる。

学習	(1) 前月の活動のフィードバックシートを読んで、成果と課題を知る。 (2) 今月の活動の計画を立てる。 (3) 各係の代表が集まって、係活動集会のタイムテーブルを決める。 (4) 活動の準備をする。 (5) 活動に取り組む。 (6) フィードバックを渡す、受け取る。

評価	・自分たちの興味・関心を生かして、クラスメートと一緒に楽しむことのできるイベントを実行して、クラスメートから肯定的なフィードバックをもらうことができる。

育成すべき資質・能力　三つの柱との関連	1)「何を知っているか、何ができるか（個別の知識・技能）」 　係活動の目的と、自分が興味・関心を持っていることを理解している。 2)「知っていること・できることをどう使うか（思考力・判断力・表現力等）」 　自分の興味・関心を生かして、学級目標の実現のためにできる取り組みを考え、実行することができる。 3)「どのように社会・世界と関わり、よりよい人生を送るか（学びに向かう力、人間性等）」 　自分の良さや強みを生かして、仕事をはじめとした社会的な活動に取り組むことができる。

◉本学習にあたって →

　係活動は、多くの学級で取り組まれている活動だと思います。これも、授業以外でキャリア形成能力を育む大切な実践の一つです。私は、初任の頃から係活動に取り組ませていましたが、その目的については、あまり考えていませんでした。一般的に「なくてもいいけれど、あると楽しいもの」などと説明される係活動ですが、過去には企画する側は楽しいけれど、参加する側はそれほど楽しくないというような活動もありました。そこで私は、係活動の目的を考え、全員が納得できるものとして「学級目標の実現」を掲げました。堅苦しくなりそうですが、学級目標は児童たちが話し合って決めたものなので、多くの場合「楽しさ」や「思いやり」の要素が入っています。こうすることで、係活動がクラス全体にとって価値のあるものになり、自分の好きなことを生かしてクラスに貢献できるものになるのです。

　目的を明確にすれば、活動に取り組めるかというと、そうではありません。現在の学校には安心して活動できる、時間と場所が少ないからです。以前私は、休み時間に係活動に取り組ませていました。しかし、今の学校生活において休み時間は、児童たちのしたいことができる貴重な時間です。その時間で係活動に取り組むと、児童たちから「遊びに行きたかったのに……」という不満が出ます。係の企画や進行が上手くいかなかった場合は、そのストレスが活動をした側への否定的な言葉になることもあります。さらに、教師から「ちゃんと準備をしないから……」などと言われると、活動を行いたいという係が減っていくのは当然です。そこで、安心して企画に挑戦できる時間と場所として、毎月第4週目の学級活動の時間に係活動集会を行っています。みんなの時間を使って活

動を行うので、企画をより良いものにしていこうという責任感も生まれます。

●学習の様子 →

(1) 成果と課題を知る

　前月の活動に対して、クラスメートから寄せられたフィードバックシートを読んで、活動の成果と課題を確かめます。

〈スポーツ係の場合〉

児童A　なんて書いてあった？

児童B　良い方は、目的をしっかり言っていたのがよかったっていうのと、久しぶりのバレーボールだったから楽しかったっていうのが多かったよ。

児童C　チャレンジ係と、場所を一緒にしたから、移動時間が少なかったってのも書いてある。

児童A　ああ。たしかに、バレーボールは久しぶりだったもんね。あとは？

児童B　やっぱりなぁ。

児童A　なに？

児童B　これ。準備は先にしておいた方がいいって。けっこう書いてる！

児童A　あぁ、それはやってて思ったよね。でも、前の時間に体育やってたらできなくない？

児童C　いつも5時間目だから、体育はやってないって。早く着替えて、準備すればいいんじゃない？

児童A　そっか。じゃあ、次は休み時間のうちに準備をしておこう。

児童C　あ、あとは準備3人だと時間がかかりすぎるから、手伝ってもらった方がいいんじゃない？

児童A　確かに。じゃあ、それも早めに言わないとじゃない？　紙に書いて

おけばいいじゃん。準備を手伝ってくださいって。

（2）今月の活動の計画を立てる

　企画書を使って、今月の活動の目的・内容・方法などを決めます。目的は、学級目標を実現するための条件を具体化させたものとし、例えば「難しいことにチャレンジできるようにするため」や「いっぱい笑い合えるようにするため」などが設定されます。また企画は、前月の活動の成果と課題を生かした活動にするように声をかけます。

〈チャレンジ係の場合〉

児童A　この前は体育館だったから、今度は校庭でできるやつがいいな。

児童B　いいね！　何できるかなぁ？

児童A　じゃあ目的は、「外で元気に体を動かせるようになるため」でいいね。

児童C　鬼ごっことか……靴とばし大会は？

児童A　靴とばし大会いいね。それやろう。

児童B　えぇ。いやだよぉ。絶対男子の方が得意だし、汚れちゃうもん。

児童A　こないだもそれで、スポーツ係のサッカーやらなくなったじゃん。

児童B　女子にも楽しめるやつにしてよぉ。

児童C　サッカーが嫌いなの？

児童B　サッカー、あんまりしたことないから苦手なんだよね。怖いし。

児童A　じゃあ、PK勝負がいいんじゃない？　PKだったら、ぶつからないし。

児童B　無理無理。男子のボール、止められないし強く蹴れないもん。

児童C　そうだよね。じゃあ、キーパーなしで蹴ればいいんじゃない？

児童A　そんなのつまんないよ！

児童C	そうじゃなくって、PKにするか、少し遠いところからまっすぐ蹴って入るかにして選ぶっていうのは？
児童B	それならできるかも。
児童A	だったら、勝負にしないでみんなでシュートが何本入るかチャレンジにしようよ。
児童C	そうだね。じゃあ、目的はこっちの「みんなで声をかけ合えるようにするため」の方がいいんじゃない。

（3）係活動集会のタイムテーブルを決める

　係ごとの活動内容が決まったら、係活動集会の時間に活動を行いたい係で集まって、タイムテーブルを決めます。係活動集会は40分間で、その後の5分間で、それぞれの係に今月の活動に対するフィードバックを行います。前月のフィードバックが書かれた付箋は、色分け（ピンク…大満足、黄…満足、青…もっと頑張ってほしい）をして書いています。次の企画会議の時間に、それぞれが希望の時間を申請しますが、合計が40分をオーバーする場合は、前月の活動の成果を踏まえて時間の調整を行います。学級目標に対する貢献度・他の児童の満足度が高い係ほど、裁量が多く与えられる仕組みにすることで、自分の活動に責任を持って取り組みます。

児童A	（黒板に貼られた企画書から、総時間を計算している。）全部で50分だから、あと10分削らなきゃ。
児童B	お笑い係は、最後に5分間だけど、4分でもいいよ。
児童C	いや、お笑いは、5分で決まりでいいでしょ。今回もトリだしね（一同賛成する）。
児童B	ありがとう。スポーツとチャレンジは、どっちも外でやるんだから（企画書の時間を指さして）この移動時間いらないんじゃない？
児童D	そうだね。じゃあ、合わせて15分でできるよ。
児童E	ホラー係は、1人3分ずつ話すけど、2分でもいいかな。

児童C　そうだよ。3分って、かなり長いよ。前回の話も少し長かったよね。
児童E　そ、そうだよね……。じゃあ、6分間にします。
児童A　じゃあ、演劇係も……。
児童E　うん！　5分くらいじゃないと台本覚えられないって。

（4）活動の準備をし、活動に取り組む

　タイムスケジュールが決まったら、係ごとに活動日までの3週間で準備を進めます。基本的には、自分の好きなことなので、家で準備をしてきたり休み時間に準備をしたりしています。私は、「①時間をかけても苦にならない②他の人より少しでいいから得意③人に感謝してもらえる」活動

チャレンジ係の協力ボウリング大会

を、自分で探すことを係活動の意義として伝えています。こうした経験が、キャリア意識の育成につながっていくと考えるからです。私のクラスでは、一人当たり平均二つの係を兼ねていますが、みんな熱心に取り組んでいます。

◉評価・ふり返り➡

　係活動集会が終わったら、それぞれの係に対してよかったところと、もっとよくしてほしいところを付箋に書きます。私のクラスでは、以前研修会で教えていただいた「グッドもっとポイント」という言葉を使っています。係活動は、児童の成長のための機会なので、安心して失敗を経験できるように、肯定的な意見と否定的な意見を書くようにしています。教師からの評価も、この付箋を使って行います。もちろん、学校のきまりに反することや危険なことは即時的に伝える必要があります。ここでは、児童同士のフィードバックの観点が明確で、それが今後の活動の裁量に反映されるので、教師も学級の中の一人としてフィードバックを返すことで十分です。

プロジェクト活動から生まれた日常生活での取り組み1

会話のプロフェッショナル

目的	お互いのことを知るだけでなく、日常の中でも共通の話題で会話をすることができるようにし、学級が楽しいと感じる機会を増やす。
方法	(1) 日直が、今日のペアを伝えて、ペアを作る。 (2) ペアで話をする。話題は、シャベリカ[*1]を使って決めたり、自分で話題を考えたりする。 (3) 1分間、聞き手と話し手を決めて会話をする。 (4) 話し手と聞き手を交代して、(3)を行う。 (5) 「ありがとうございました」のあいさつをして、自分の席に戻る。

●このプロジェクトが生まれた背景 →

　この「会話のプロフェッショナル」は、学級アンケートの「自分の考えを遠慮せずに話すことができる」という項目の数値が低下したことに課題意識を持ったグループが考えた取り組みです。この課題意識を持った児童たちはまず、アンケートの理由記述欄を見たり、他の子に聞きに行ったりして、どうして遠慮せずに話すことができないのか理由を調べます。そして、その理由として「せっかく話しかけても話が続かない」「自分の話を一方的にしてくる人がいる」という意見があることに気付きます。次にどうなったらその課題が達成したと言えるのかを考え、児童たちは、「いつでも、だれとでも、すらすら会話ができる」というゴールをえがきました。そして、そのた

[*1] 株式会社アソビジが企画制作を行っている、トーキングテーマが書かれたトランプカード。https://team-game.stores.jp/ より購入が可能。

めに使う時間（資源）を朝の会の2分間と決め、ペアを作って会話の練習をすることにしました。

●活動の実際 →

担当児童　今日は、話題を自分で考える日で、ペアはGペアです。言うよ。○くんと□くん、△くんと◎ちゃん……。（移動してペアを作る）じゃあ、いくよー。

児童A　よろしくお願いします。じゃあ、飼ってみたいペットは何ですか？

児童B　ペットかぁ、なんだろう。馬かな。

児童A　馬！！（びっくりした様子で）

児童B　そうそう。こないだ、お父さんと那須の牧場に行って馬に乗ってきたんだけど、すっごい優しくてちゃんということ聞いてくれたの。

児童A　えー。すごいね。どのぐらい乗ったの？

児童B　うんとねぇ、だいたい30分ぐらいかな。

児童A　そうなんだ。怖くなかったの？

児童B　全然怖く……いや、やっぱりちょっと怖かったかな。

児童A　あはは。

児童B　でも、最初だけね。乗ってるうちにどんどん可愛くなってきたから、もっと乗ってたかった。

児童A　でも、飼うとなったら、えさとか大変そうだね。

児童B　そうだね。野菜とか草とか、すっごい食べるんだよ。うちの近くの畑に行って、いろいろ食べちゃうかも。

児童A　えー、だめだめ。怒られちゃうよ。
児童B　あはは。それに、今飼っている犬の◇ちゃんが怒っちゃう。
児童A　なんで？
児童B　馬に夢中になると、「かまってー！」って僕のところにくるから。昨日も、テレビ見てたら僕の上に乗って、「かまって、かまって」って来るんだよ。

●このプロジェクトがたどった変遷　→

　この「会話のプロフェッショナル」は、改良に改良が重ねられた取り組みの一つです。1回目のフィードバックでは、「会話を続けるのが難しく、聞き手が黙り込むのでかえって仲が悪くなる」というものでした。その様子は私も見ていてわかったので、ヒントになればと思い「質問の技カード」*2を国語の授業の中で使ってみました。すると、児童たちは、話し合いの中で「質問の技カード」を使ってみてはどうかという意見を出しました。その後は、あいづちを増やそう。話題が固定化して面白くないのでシャベリカを使おう。シャベリカに頼ると、自力で話題を考える力がつかないので使う日を限定しよう。というように、どんどん変化してきています。そして現在の形で、「一時殿堂入り」している状況です。

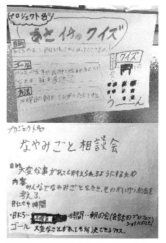

2018年11月現在行われている8つのプロジェクトのうちの2つ

---

*2　質問の技を磨くためのオープン・クエスチョンやあいづち、クローズド・クエスチョンなどの例が書かれているカード。詳しくは、岩瀬直樹・ちょんせいこ『信頼ベースのクラスをつくる　よくわかる学級ファシリテーション①かかわりスキル編』解放出版社、2011年、59頁を参照のこと。

プロジェクト活動から生まれた日常生活での取り組み2
6つのこころ・目指せ！礼儀マスター

目的	下級生のお手本になることができるように努力して、学校のみんなから頼りにされるようになる。
学習	（朝）毎日の朝の会で、「6つのこころ」を読み上げる。 （木曜日の帰りの会） (1) 名簿で、ペアを作る。 (2)「6つのこころ」の達成度合いについて、一人ずつ振り返る。 (3) 今週の目標を立てる。

●このプロジェクトが生まれた背景

　この「6つのこころ」と「目指せ！礼儀マスター」は、学級アンケートの「みんなから頼りにされるように努力している」という項目の数値が低下したことに課題意識を持ったグループが考えた取り組みです。この課題意識を持った児童たちは、「頼りにされる」とはどういうことかについて、多方面から考えました。その中で、みんなが頼りにしたいと思える人の条件には、礼儀正しさがあるのではないかという仮説を立てます。そして児童たちは、「頼りにされ

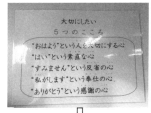

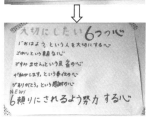

加わったのは、少しの工夫です

るように、いつも礼儀正しくできる」というゴールをえがきました。そのゴールの達成のための策として「6つのこころ」と「目指せ！礼儀マスター」というプロジェクトが生まれました。そして、そのために使う時間を、毎朝と月曜日の帰りの時間と決め、礼儀正しさの向上に取り組むことになりました。

●活動の実際 →

児童A　よろしくお願いします。
児童B　じゃあ、まずはあいさつから。どうだった？
児童A　あぁ……。あ、できてたできてた。校長先生に、「元気なあいさつだね」って言われたもん。
児童B　他の人には？　友達とか、下級生とか。
児童A　おはようございます！　って感じじゃなくて、おはようって感じにしたよ。ニコニコーって感じね（笑）。
児童B　あはは、○○くん、それ逆に怖いよ。まぁ、いいや、次は反省は？

（中略）

児童A　頼りにされるような努力かぁ。やってなかったかもなぁ……。
児童B　ふぅん。どうして？
児童A　まぁ、そもそもそんなに意識して生活できてなかったし、ろう下を走って下級生に見られたこともあったからなぁ。
児童B　えー！　それじゃあ、△だね。どうなりたいの？
児童A　そうですねぇ、できるだけ、ちゃんとする。
児童B　うぅん。そういうことじゃなくて、もっと詳しく。
児童A　難しい！　ええと……例えば、自分も走らないために……人目を意識するかな。あ、っていうか、下級生のことを思いやる。
児童B　思いやる？
児童A　例えば、1年生がどういうふうに思っているかとか、迷惑に感じていないかとか。
児童B　あぁ。相手の立場になって考えるってこと？
児童A　あぁ、そうそう。

児童B　じゃあ、今週のめあては「見る人の立場になって、行動を考える」ね。
児童A　（ベルが鳴る）あ、時間だ。ありがとうございました。

◉このプロジェクトがたどった変遷 →

　はじめに、「６つのこころ」プロジェクトが誕生しました。もともと本校には、以前の教職員とPTAの方々が考えた「５つのこころ」（97頁参照）という心構えがあり、それがすべての学級に掲示してあります。「６つのこころ」は、その「５つのこころ」に１項目を加えたものを掲示し、毎朝読み上げるという取り組みです。ほんの少しの工夫ですが、このような地道な積み重ねを大切にします。これによって、アンケートの「頼りにされる」項目の結果も向上しました。

　その後、この「６つのこころ」の効果をさらに高めるために誕生したのが、「目指せ！礼儀マスター」です。このプロジェクトが誕生した時は、正直とても迷いました。このプロジェクトが反省会になり、児童たちを苦しめることになってしまわないかと不安だったからです。しかし、その心配は杞憂でした。児童たちは、反省会ではなく次への改善を前向きに見つけようとしていました。また、スタート当初は毎週月曜日の放課後に行っていましたが、土日に先週のことを忘れてしまうので毎週木曜日に行って来週のめあてを決めることになりました。

　現在、児童たちが始めたこの取り組みによって、学級の礼儀正しさはゆっくりと前進しているように感じます。私から、学級でこの取り組みをしようと提案することは難しいと思います。礼儀正しさを日々意識するシステムを、教師から発信してしまうと教室に過度の厳しさが生まれると思うからです。児童たちの実感から生まれる課題と改善なので、無理のない成長の姿が見られます。プロジェクト活動は、「なぜ取り組むのか」という目的意識が、つねに児童の側にあります。時間はかかりますが、児童が主体となった学級が出来上がっていくのです。

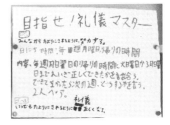

付録:コピーしてそのまま使える「ケイエイ・カリマネシート」

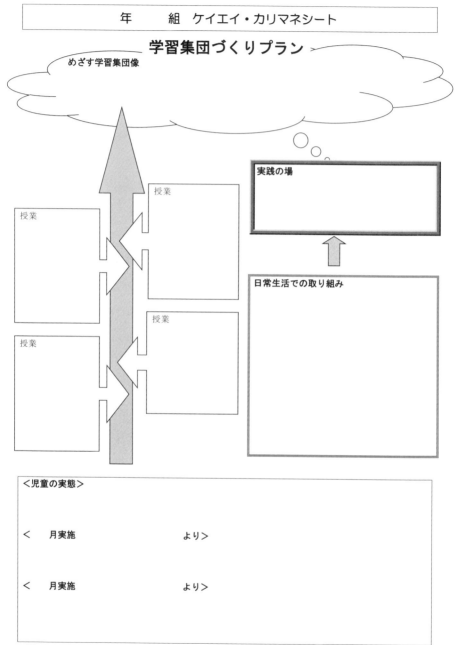

第4章

キャリア意識を育むコラボレーション授業導入マニュアル
（菊地南央）

1　1年に10回もコラボレーション授業を開くことができるコツ

　実践の規模に違いはありますが、私は年間に10回程度、コラボレーション授業を行っています。自分たちが今学んでいることを使って、仕事に取り組んでいる大人に出会うことで、子どもたちにとっては、改めて学習の意義を感じることにもつながります。また、本気で仕事に取り組み、社会の役に立とうとする素晴らしい大人に出会うことで、将来への希望を持つこともできます。
　でも……
　「そもそも、授業に協力してくれる外部人材をどうやって探すの？」
　「外部人材と、どうやって一緒に授業をつくるの？」
　という方もいらっしゃるのではないでしょうか。ここでは、そうした問いにお答えできるように、授業までの流れをマニュアルとしてまとめました。外部人材と協働しながら授業をつくるということは、もちろん、担任が一人で授業を行う場合には必要のない手続きも必要になります。それを、「大変そうだなぁ」「面倒くさそうだなぁ」と感じられる方もいらっしゃるかもしれません。でも、少しの工夫をすることで、コラボレーション授業の効果はより大きく、そして授業準備の手間をより少なくすることができます。

2　見通しを持つ

　一緒に授業をつくる外部人材は、その年の教育計画で活用することが想定できる方です。ですから、年度はじめの時期に、この1年間にどのような学

習の予定があるのかを把握する必要があります。4月に、今年担任する学年の指導計画に目を通すかと思います。その時に、簡単な学習内容や「こんな授業ができたらいいな」ということを把握するのですが、すぐに忘れてしまいます。ですから私は、各教科の指導計画を縮小コピーして貼り合わせた一覧表を作って、そこに書き込みながら目を通すようにしています。

3　協力してくださる外部人材を探す

(1) 社会に出る

　この本を手にとられた方の中には、学校内で働く教員だけが授業を行うことに疑問を抱く方もいらっしゃるのではないかと思います。少子化が進む現代において、これからの未来を担う子どもの教育は最重要事項の一つです。それを学校だけに任せること、逆に学校が独占してしまうことは、今後の社会にとっても不利益につながるということは想像に難くないはずです。

　しかし、それでも学校と外部人材が協働でつくりあげる授業というものは、一般的になっていません。その要因は、忙しさやスキルの不足等様々なものが考えられます。中でも大きい要因は、教員が社会課題に出会う機会が少なく、教員のみが子どもの教育に関わることへの課題意識を持っていないということがあると思います。私は、学校以外のコミュニティで、多種多様な方々と出会い価値観に触れたり、その方の持つ教育的価値を実感したりすることで、その課題意識を強く感じました。ですから、「どうすればできるか」を考える前に重要なのは、教員が学校の外に出て「なぜ外部人材との授業をする必要があるのか」を実感し、考えを深めることです。そして、コラボレーション授業をする目的を理解して、授業を行いたいという意思を持つことから実践が始まっていくのです。

（2）探す・つながる

　コラボレーション授業を行いたいという思いを持った時、まずはじめに直面する課題はどうやって一緒に授業をする外部人材を探すのかということです。外部人材の探し方には、たくさんの方法があります。

①地域の人材データバンクを活用する

　自治体によっては、学校教育に協力してくださる方や団体をリストアップしているところがあります。そのような一覧が、学校に保管されている場合がありますので、まずは探してみましょう。学校にない場合  でも、地域の公民館や市民センター等に問い合わせれば、紹介していただける場合もあります。私は、地域の歴史や自然に詳しい方や、地元で養蚕業・畜産業を営む方などをご紹介いただきました。

②学校に回ってくる通知を活用する

　学校には、非常に多くの機関から出前授業の案内や、教育活動への支援についての通知が回ってきます。私自身、外部人材を活用して授業を始めるまでそのような書類にあまり関心を払っていませんでした。しかし、興味を持って見てみると、そのような通知が非常に多いことがわかりました。例えば、広島の原爆体験の語り部の方や、新聞社の出前授業などを活用しました。

③団体に直接問い合わせる

　授業のねらいを達成するために、必要な人や場所がある場合は直接問い合わせてみ

ます。特に、公共機関やそこに勤める方は、協力していただけることが多いです。地元の図書館司書の方や公民館の館長さん、道の駅のスタッフの方々にお世話になりました。

④ 知人のネットワークを活用する

友人にお願いをすることも、もちろん可能です。実践例で取り上げたイタリアンレストランとの授業も、知人からの紹介で実現しました。自動車整備士の友人や、林業に携わっている友人に、子どもたちが聞き

たいことをチャットアプリで尋ね、返答をもらうなどの協力をしてもらったこともあります。また、サッカーの指導者資格を持つ実兄に学校に来てもらい、サッカー教室を開いてもらいました。

⑤ 地域のイベントに参加する

地域には、自分たちの暮らす町やコミュニティをよりよくしようと活動していらっしゃる方がたくさんいます。そういった方と出会うために、地域の交流イベントや「まちづくりイベント」などに参加してみ

るのもいいでしょう。このような場で出会った、フリーライターの方とも、一緒に授業を行いました。

⑥ 保護者に協力してもらう

地域の題材を取り上げる授業を行う際には、保護者の方に協力を呼びかけることも一つの方法です。例えば、地域の伝統芸能保存会の方や、地域の夏祭りの実行委員の方などにお話を伺ったこともあります。同僚の先生の実践ですが、昔の学校の様子を知る保護者の方に協力いただいて、校庭に植えられた桜の木の由来を題材にした道徳の授業を行う取り組みなどもありました。

⑦教員仲間に紹介してもらう

　外部人材との協働的な授業づくりに興味を持ったら、興味があるということを職場や同じ職についている知人たちに宣言しましょう。現場には、このような外部人材を活用した実践に興味を持って、すでに実践している教員の方がいます。そうした方とのつながりを築き、ネットワークを構築し、お互いの情報を共有していくことで外部人材とつながる機会が増えます。私の場合は、こうしたつながりがもとになって、知人からご紹介いただいたテレビ局の方々との実践を行うことができました。

　その他、大きな企業や団体の中には、インターネット等で学校教育への協力を受け付けているところもあります。学校の中にいて外部人材から声がかかるのを待つのではなく、まずは教員自身が率先して自己を社会に開いていくことがたくさんの実践が生まれるきっかけとなります。

（３）協働する

　授業に協力してくださる外部人材や企業を見つけて、申し込みをして、簡単な電話やFAXでの連絡を行って当日を待つというのが、一般的な出前授業の流れです。しかしこのような出前授業は、担任が当日まで授業の内容や行程を把握することが難しくなります。これで、学校と外部人材が連携・協働している授業と言えるのでしょうか。

　外部人材の魅力は、より専門的で詳しい教材や実物の資料、教員にはない専門的なスキルや経験を持っていることです。一方で外部人材の方々は、教育における専門的なスキルや学級の子どもたちの実態を知りません。それこそが、教員の専門性であり強みです。具体的には、教員がカリキュラム・マネジメントの考え方を生か

して授業の構想をリードし、どの教科でどんな目標を持って学習を進めていくのかを明確にしていきます。学習指導要領との整合性を図り、外部人材の方に「この目標は達成させたい」「この用語を使って説明してほしい」などの提案と話し合いを行っていきます。

また、アクティブ・ラーニングの視点から「この場面で児童に考えさせたい」「ここでワークを入れたい」という提案ができるのも教員です。多くの出前授業

上のような行程表をもとにやり取りを進めます。

は、講義・講演形式のものが多いですから、それをワークショップ形式にして提案すると、外部人材の方にも喜んでいただけます。学校と外部人材が協働した授業というのは、外部人材と教員の専門性を組み合わせて生み出される授業でなくてはならないのです。

授業に協力してくださる外部人材を探したら（または探しながら）、外部人材の持つ魅力をどのようにプロデュースすればいい授業が生まれるのかを考えていく。このプロデュース力こそが、教員が活かすべき専門性です。

（4）コミュニケーション

（3）では、外部人材と教員の強みをかけ合わせて生み出されたものが、コ

ラボレーション授業の第 1 条件ということを述べました。これを実現するためには、①申し込み②受付③直前の打ち合わせというような一般的なやり取りの、何倍ものコミュニケーションが必要になります。ただでさえ忙しいのに、そんなこと無理……と思われるかもしれません。私も、以前の状態で「もっとやり取りをして」と言われたら、うんざりしてこの実践は諦めるでしょう。しかし、現在学校に勤務していらっしゃる教員の皆さんも、毎日友人や家族とメールや LINE でやり取りをする時間はあるはずです。

授業を一緒につくる外部人材の方とのやりとりも、電話と FAX でのやりとりから、メールでのやりとりに移行することが、コミュニケーションの前提です。また、Messenger や Slack 等の SNS のアカウントを仕事用に作っていらっしゃる方とは、SNS での

食育モンスタープロジェクトチームの Messenger グループ

やり取りもできます。SNS のグループ機能は、データファイルの送受信や過去にやり取りしたデータも保存されます。このような双方向性のあるコミュニケーションツールを活用することで、コミュニケーションの回数が増える分、かかる時間と労力は減らしてやり取りを行っていくことができます。

もちろん、コミュニケーションにかかる労力と時間を減らすことの他にも、様々な方法で負担を軽減していくことが大切になってきます。ここで詳しく述べる紙面の余裕はありませんが、その方法については、すでにいろいろと刊行されている仕事術がテーマの書籍を読むなどして知ることができま

す。しかし、一番大切なのは考え方です。私たちに与えられている、時間的資源（時間予算といってもいい）はどれほどなのか。その中で、本当に達成すべき教育の使命は何なのか。それを絶えず、考え続けていくことが必要だと思います。

4 コラボレーション授業を行う際の注意点

（1）出口まで明確に示して伝える

　外部人材と一緒に授業をつくる際には、授業が終わったその後のことまで、見通しを持って進めましょう。例えば、お礼の手紙はどうするのか。企業に協力していただいた場合は、活動の写真やアンケート資料の情報はどこまで公開できるのか。また、その時の条件はどうか。など、コラボレーション授業の一切が終了するまでの見通しです。

　基本的には、お礼の時間も含めて授業を設計できるようにしましょう。授業外の時間に、お礼の手紙を書くのは子どもにとっても教師にとっても負担になります。当日のうちに、簡単なメッセージカードを封筒に入れてお渡ししたり、感想用紙をPDFにしてデータで送ったりした方が喜ばれる場合もあります。価値観が多様化している時代ですので、察し合うのではなく、外部人材の方にも明確に伝えて了承を取るとよいでしょう。

（2）はじめは小さく

　コラボレーション授業の規模は、授業の1単位時間で完結するもの、2〜3時間程度のもの、1日がかりのものなど様々です。私が取り組んだテレビ局との実践は、15時間の授業を5日に分けて支援していただいたもので、2ヶ月間やり取りを交わしながら進めました。

ただ、コラボレーション授業の実践に興味を持ってはじめる時には、最初は小さい規模での実践を積み重ねていくとよいでしょう。当たり前ですが、スキルもノウハウもない状態で大きな取り組みに手を付けると、上手くいきません。その失敗経験がもとになって、次の実践につながらなくなってしまいます。そうならないためにも、まずは1時間程度の小さな取り組みを積み重ね、徐々に規模を大きくしていきます。

私もコラボレーション授業の取り組みをはじめた1年目は、1、2時間程度の実践がほとんどで、2年目に1日がかりのもの、3年目に複数の日程にまたがるものに取り組むことができるようになりました。はじめは小さな規模で、細かく振り返りと改善を加えながら実践し、徐々に規模の大きいものに挑戦していきましょう。

(3) 無理に広げない、引き継がせない

外部人材と協働した授業づくりは、これからの学校教育が社会に開かれるための大きな可能性を持っています。しかし一方で、現在の学校現場にその準備が整っているかというと、十分ではありません。

新しい取り組みをはじめるうえで、スクラップ&ビルドは必須ですが、現在の学校風土ではそれが難しい場合もあります。また、授業に対する課題意識もそれぞれ違っています。ですので、教員個人として行った取り組みを、学校全体で行おうという声をかけたり、次年度に引き継がせたりすることは他の教員への負担になってしまいます。

そのようなことをすると、同僚からの協力を得られないどころか、反発を受けて自分が実践することも難しくなってしまいます。ですから、無理に広げたり引き継がせたりしないようにしましょう。

また、管理職にもきちんとその意図を説明し、管理職からも他の先生方に対して広げたり、引き継がせたりしないようお願いをしましょう。

（4）おすそ分けする

　無理に広げたり、引き継がせたりしないように気を付ける一方で、興味を持った同僚の方には丁寧に説明し、実行を考えている場合はできる限りバックアップします。外部に対して、学校の名前を出して行うコラボレーション授業は、同僚や管理職の理解や支援なしに行うことはできません。普段、自分を陰ながら支えてくれる同僚が興味を持ったら、責任を持ってその先生をバックアップしていくのです。

　直接は興味を持たない同僚の方でも、実践を見守ってくださる方は多いはずです。コラボレーション授業は何かしらの成果物を生み出します。それがもし、おすそ分けできるようなものであれば、積極的に先生方にもおすそ分けしていきます。そうすることで、応援してくださる方が増えていくかもしれません。

（5）協力者のメリットも考える

　これまで行ってきたコラボレーション授業は、全て無償で行ってきています。大変ありがたいことに、ほとんどの場合、交通費もお支払いしていません（ちなみに勤務校は最寄りの駅から車で30分程度離れているへき地校です）。それでも、協力してくださる方々は時間をかけて本校にいらっしゃってくださいます。

　このように、ご協力してくださる理由の最も大きな要素は、教育に貢献したいという強い思いです。まず、このことを教育に普段から携わることのできる教員が知り、自分が持つ責任の大きさを実感してほしいと思います。

　そして、協力してくださる方が、自分の持っている知識や経験で子どもたちの教育に貢献することができたという実感を持つことができるような授業構成を提案します。コラボレーション授業は、協力の対価としてお金ではなく、その方の魅力を引き出し、価値や仕事への誇りややりがいを提供できる

取り組みなのです。

　また、他にも協力してくださる方のメリットを、実現していく努力をすることも大切です。事前に写真やインタビュー使用についての保護者の承諾をとったり、事後アンケートの実施を提案したりするとよいでしょう。CSR[*1]の一環として取り組んでいる企業の場合は、教育効果を高めるためのフィードバックが喜ばれる場合もあります。

5　地域の方が、誇れる学校を

　このようにコラボレーション授業は、外部人材に対してお金ではない価値を提供することで成り立つ取り組みです。そして、この取り組みを継続・発信していくことで、地域が学校教育を支えていくという姿を実現することができます。

　コラボレーション授業が、より日常的に行われ、そこに多くの地域の方々が参加することができれば、協力してくださった方だけでなく地域の方にとっても「わたしたちの学校」になっていきます。

　地域の方々が学校に出入りし、子どもの教育に主体的に参加することができる学校の姿を実現することで、地域の方々は「わたしたちの学校」に誇りを持ちます。そして、一層学校に対して協力的になってくださるはずです。コラボレーション授業は、学校を中心とした地域コミュニティ発展の足掛かりにもなることができるのです。

[*1]　Corporate Social Responsibility の略語。企業の社会的責任。

第5章

対談　幸せなライフスタイルを
築くために学校教育ができることとは何か
〜学級経営が主役のカリキュラム・マネジメントの実践から考える〜
（阿部隆幸×菊地南央）

学級経営で大切なこと

阿部 唐突ですが、菊地さんの学級は最近、どんな感じですか。私が参観した時には、すごくいい感じの学級でしたが。

菊地 そうですね。以前（2018年の春、阿部は菊地学級を訪れ、本書でいうと「食育モンスター」の授業を参観している。本対談は、2018年12月収録。）に比べると、ちょっとゆとりが増しました。前は（単学級で少人数ということもあり）つながりが強く、ピアプレッシャーが強くはたらく場面が多いように感じていました。それで、同質性を子どもたちが求めたがるところがありました。「〇〇くん、みんながこういうことしているんだからこうしなよ！」ですね。それが少し緩くなってきた感じです。でもまぁ、教師の甘えかもしれませんが、ピアプレッシャーはあることで助かる時とあってほしくない時がありますよね。

阿部 私が最近、（学級経営における）キーワードとして考えているのは、「同調圧力」です。日本人の同調圧力の強さが、負に働いている場合が多く、それが学級崩壊、いじめに数多くつながっているのではないかと感じています。鴻上尚史さんが『AERA』（朝日新聞出版）の連載で書かれていた内容[*1]が私の頭の中に浮かんでいますが、そこで私が重要だと思っているのは「対話」です。日本には対話ができない日本人気質のようなものがあって、「ムラ社会」と言いますか、同調圧力のようなものが強く、しゃべらなくてもわかるし、わかるべきだという国民性があるんですよね。会話は存在するけれども、対話は存在しないのです。そこで、もっと対話を！　と思うのですが、自分も日本人だからなのでしょうか、何か面倒な困ったことがあった時って、菊地さんが言うように、ピアプレッシャーのようなものがあることで助

[*1] 鴻上尚史「帰国子女の娘がクラスで浮いた存在に… 鴻上尚史が答えた戦略とは？」『鴻上尚史のほがらか人生相談～息苦しい『世間』を楽に生きる処方箋』https://dot.asahi.com/dot/2018081000019.html

かる時ってありますね。

菊地 そこは自分にとっても乗り越えていかなければならないところだなとは思います。

阿部 一方で、そうしたピアプレッシャーを求める先生やそれを発揮させることが学校だと思っている先生もたくさんいるでしょ。肩を組んでエイエイオーッとかいう先生とか……。

菊地 はいはい。ワンフォーオール・オールフォーワン絶対主義みたいな考え方ですよね。

阿部 はいはい。ははは（笑）。ところで菊地さんは、ピアプレッシャーがあって「助かる」時って具体的にどういう時ですか。

菊地 例えば、見学学習で外に出ます。子どもたちがうるさいので、先生が「おしゃべりをやめなさい」と言うと、周囲の大人には「なんか、あの先生怒ってるなぁ」という目で見られる時があると思いますが、子ども同士で「静かにしよう」と言ってくれたら、すごくいい感じに見えるじゃないですか。逆に困る例としては、私のクラスでは休み時間に係での活動がありますが、各グループが自分たちのやりたい活動を企画して、休み時間にみんなに参加を求めます。しかし本来、休み時間の活動というのは、子ども一人ひとりに参加する－しないを決める権利があると思うのですが、ピアプレッシャーが強いと「僕はいいや」と言いにくくなります。または、参加しないことに対して「なんでみんな参加するのに、○○くんはやらないの？　変だよ」という主張をするわけです。これは困りますよね。

阿部 明確な区別ができる基準があれば、いいような気がしますけどね。

菊地 その基準ですが、僕はやっぱり学級目標だと思います。それをもとに「この行動は、この目標に反するよね」という言い方や指導ならできると思います。「これはいけない」と頭ごなしに言うのではなくて、「これは君たちが言っていた、○○ではないよね」と伝える感じです。それが同調圧力の時も

一緒で、今回の問題って、あなたの考えはこの項目のためには大切だけど、他のここの項目にはちょっと反してしまうんじゃないの？　と共通理解を持つことができれば、そこに話し合いの基準を設けることができるのではないかと思います。

阿部　その時その時の話し合いになるのですね。

菊地　はい。

阿部　学級経営で大切なことって、菊地さんの感覚ではなんだと思いますか。

菊地　いろいろと考えたのですが、行き着いたところは、熊本大学の苫野一徳さんがおっしゃる**「自由の相互承認」**[*2]です。結局、これじゃん！　と思ってしまう自分がいます。

阿部　なるほど。それって学級経営というよりも、人間の生き方だったり、地球上にいる人間が全員自分の各自の一生を全うすると考えた時のキーワードと言いますか、スローガン的なものになりそうな気がしますが。学級経営そのものが小さい地球の出来事と考えていいのですかね。

菊地　学級経営について、もう少し限定して考えると、上越教育大学の赤坂真二先生がおっしゃるような**「自治」**になります[*3]。自分の言葉で説明するのであれば、**「集団生活の研究室」**ですかね。集団でよりよく生きるために、あるチャレンジをして、その結果がどうで、それをどう改善したり転用したりしていくのかということを学んでいくのが学級だと思っています。過去に、多様な特性を持った子どもが多く在籍する学級を持った時にそう思いました。担任は、子どもたちに「良いもの」を提供しようと思います。でも、いくら良いものだと言われても、自治の経験が少ない子どもたちにとっては

[*2]　苫野一徳は、ドイツの哲学者ヘーゲルが主張した「自由の相互承認」の原理を援用し、公教育の本質は、すべての子どもに、自由に生きるための力を育むことを保障するものであると同時に、社会における自由の相互承認の土台となるべきものであると提唱している。詳しくは、『教育の力』講談社現代新書、2014年を参照のこと。

[*3]　赤坂真二『スペシャリスト直伝！　成功する自治的集団を育てる学級づくりの極意』明治図書出版、2016年。

担任の先生と同じ「良さ」を感じられる土台がありません。そこで、今の学級の様子はどうだろう、ここからみんなが目指したい学級の姿に迫るために、何をチャレンジしてみたい？　と問いかけました。その時、高学年の学級でも「ありがとうの手紙を送ろう」のような実践が出てきます。それが大事でした。子どもたちがそれをしたいんだという思いから生じるものがあるのがよかったです。正直僕は、それって低学年のクラスがする取り組みじゃないの、と思いました。でも、それは僕の先入観だったんです。先生がこうなってほしいとかじゃないんです。子どもたちから、このためにこれをやりたい！　ということが浮かび上がってきて、「私は、こうなりたいからこれをやりたいんです！」といった思いが共有されると、上手く学級に馴染んでいくという感覚があります。

阿部　具体的な話でよくわかります。

菊地　加えて、私は**個を大事に**したいと思っています。そうすると、集団を大事にする先生と意見がぶつかる時があります。例えば、クラスに将来料理人になりたいという子どもがいて、周りから見ても料理人に向いているなと思う時があります。他にも、この子はなんとなく、将来社長になるかなという子もいますよね。そう考えると、その子にとって必要なことと、他の子に必要なことって結構違うじゃないですか。そういう中で、集団原理を働かせることに疑問を感じるのです。職場ならいいんです。目指すものがある程度は同じで、自分で選択してきていますから。それで、学級経営という言葉にも最近、少し違和感を覚えているところがあります。学級という集団よりも個なんじゃないかなと思うんですね。

阿部　学級経営と個を対立させた言い方をする意図を教えてください。

菊地　学級のことを「これは奇跡的！」とか言って、たまたま同じ時期に同じ場所に生まれた人たちが集まって素晴らしいですね、といった言い方をしますよね。しかし、裏を返せば選んでもないのに、ここに集められてしまっ

たわけです。

阿部　私、いろいろなところで今の菊地さんと同じことを言っています(笑)。

菊地　それで、そういう集団は学校（学級）以外にはありませんよね。仕事だって自分で選べます。そう考えると、今の制度においては、いじめはなくならないような気がします。

阿部　学級という「箱」があるかぎりということですね。

菊地　その集団に、どうしてもなじめないという子はいるはずです。そんな時にその子も入れて、学級を経営していくことは無茶な話です。みんなと同じ時間に起きて、生活することが辛い子だっているわけです。その子に適切なケアをしようと思うと、学級の外でということになってしまいますよね。

阿部　最初に無理から始まっているところはありますよね。

菊地　学校で活動する上では、学級という一つの集団で動くのは便利なことです。しかし、学校という公教育の場に来ている子どもたちの最終目標は一人ひとりの人生です。それぞれのキャリアにつながっていくと、私は考えます。税金を使って子どもを育てている以上は、キャリアとして社会に還元していくことは教職員の義務だと私は思います。学級の中で、一人ひとりのキャリア意識が共有されていくと、あの子は社会科の勉強は苦手だけど、動物はメチャメチャ詳しいとか、あの子はなかなか授業中に集中して参加できないけれども、楽器演奏はリズム感がばっちりといった見方になり、学級の中での同調圧力がいい意味でほぐれていくと思うんです。

阿部　この話は、突き詰めると、本書とは別文脈になったり、学級は必要か不必要かという話で教育社会学的な話になったりする可能性もあります。立場によって異なると思いますが、私なりに、菊地さんの考えていることには同意できます。私は、人前で話す講座などでは「学級という制度は本当に必要なのか、そこから考えていくことが必要ですよね」ということを伝えながら、でも、目の前に「学級」というものがあるのだから、現状を見ながら考

えていくことも必要ですと展開します。根本的な解決にはならないけれど、現状の問題の解決解消を目指すにはそうしていくしかたないと思うのですよね、と伝えます。ただ、私はもう一つ別のことを考えています。うまく人に伝わらないような感じがして公言してこなかったのですが、初めてここで言いますね（笑）。

　2018年3月に「日本学級経営学会」を赤坂真二先生や学級経営を中心に実践研究している方々と一緒に立ち上げました。今まで「学級経営」に関する「学会」がなかったので私たちでは力不足かもしれませんが、とにかく話し合う場を設けようと立ち上げた経緯があります。一方、コミュニケーションとかコミュニティを大切にする人たちには、学級という制度そのものを壊した方がいいのではないか、なくしていった方がいいと、声高らかに言う方々がいるわけです。「学級」という言葉や「学級経営」という言葉自体を消滅させていくべきだという人たちにとっては、「学級経営学会」を立ち上げることそのものが時代に逆行とまではいかないまでも、古い価値観のものを今、わざわざ立ち上げたと思っているのではないかと思うのです。「どうしてあえて、学級経営学会なんですか」と聞かれたことがあります。

　私は、学級という制度的な言葉は、脇に置いておいて考えますが、2、3人でも固定的な集団となって、ある一定期間学び続けるという空間と場ができた瞬間に、「学級経営」という価値観と言いますか、考え、技術等々が必要になると思うのです。それは将来、学校の中に学級という「箱」がなくなったとしても学級経営という価値観、考え方、概念、スキルのようなものは必要になるだろうと思っているわけです。まとめると、「学級」という制度がなくなっても、複数人が集まって何かしらの生活していく空間と場は必要だと思っていて、そこに「学級経営」が必要になると思うということです。それは、コミュニケーションという言葉では代弁できないと思うんですよね。学校の中で授業や学校生活を進めていく上での単位を学級経営という言葉で私

は使っています。私の言いたいこと、伝わっていますでしょうか。

菊地　はい。学校って特殊な場所ですよね。どうしてもみんなで同じものを獲得していくといった場所なので、個人差があるにも関わらず、進んでいかなければならない。そうしていくうちに、段々序列化していくわけです。そういうコミュニティって他にあまりないんじゃないかと思うんです。選んでそこに行っているわけじゃないですから。学校の中には、いじめが起きやすい要因が内包されていると思うのです。競争と序列化は、私が一番、危惧していることです。個性がある中で、テストの点数を付けたり、走る速さに順位を付けたりします。点数が付くと自然とどっちが上か下か、どっちが速いか遅いかというように競争を生みます。多様性に対して高い感度を持っていないと、子どもたちにも「おっ、あの子遅いじゃん」と序列を意識させてしまうことになります。

阿部　めちゃくちゃ矛盾が存在しているからね、学校って。多様性とかみんな違ってみんないいという言葉を使っているけれど、実際は「みんな同じで、みんなと同じことしなさい」という仕組みになっているとかね。それを言ってしまうと、学校ってなくなっちゃえとか、学校制度ってありなのかとか、そういう話になっていっちゃいますよね。（特に地域の公立）学校は基本的に会社と違って選択できないですからね。

菊地　「みんな同じ」が幻想であることは多くの方が理解していますが、「みんな同じ」発想の行動は、まだありますよね。ケンカの仲裁のさせ方で、お互いを納得させて両方から「ごめんなさい」をさせようとする光景を見ます。あれは無理だなって思います。僕の場合は、「どういうところが嫌だったの？」と尋ねて「こういうことが嫌でした」ということを聞きだします。それで、「ああそうなんだ」と言って相手の子に、「この子はこういうことが嫌だったんだって」と伝えます。「この子が嫌だったことについては納得できますか？」と聞きます。「あなたも嫌なところがあったでしょ」と尋ねて、同

じように相手の子に「あの子はこういうところが嫌だったんだって」と伝えます。「またこういうすれ違いがきっと生まれるけれど、すれ違いがあったらまた話し合って決めましょうね」と言います。「話を伝えてくれて、話を聞いてくれてありがとう」と言って終わりです。「この子がこのように考えていることはわかるよね」として「あなたにできることはそれを避けることですね」はできます。しかし、この子が思っていることと全く同じことをしなさいということは違いますよね。

阿部　それは「対話」の本質でもありますよね。違いを解決するのは「多様性」を認めた瞬間できません。「解消」に向かうことが必要になるわけです。**あなたと私の違いを「理解」はできるけれど「同意」はできない**ということなのです。

菊地　そうそう。そういうことです。

阿部　同じ空間で上手くやっていく努力を互いにしましょうということになっていきますよね。互いに気を遣ってわかったふりをするのではなく、ここの違いがあるよね、と違いを納得していく感じです。

菊地　最初の話につなげると、心を変えなさい、と古い日本の教育観がありますよね。心はそれぞれ変えられなくて、自分たちができるのは嫌なことを相互に思わないように、行動は変えられるよね、ということです。同調圧力ではなく、よりよい関係性に持っていくことが大切ですね。

学級経営とカリキュラム・マネジメント

阿部　「カリキュラム・マネジメント」という言葉が注目されるようになってから少し経過しますが、現場では今、どのように受け取られていますか。

菊地　以前に比べて、浸透してきているようです。

阿部　だからといって大きく変わっていることはないですよね？

菊地　あまり、聞かないですね。忙しさの中で、工夫して授業を作っていくというのはやはりキツイのだと思います。

阿部　ですよね。実態としては昔からこのような考えはありましたが、近年の改革でドーンと「カリキュラム・マネジメント」という言葉が出てきました。でも、「これをやらなくちゃならない！」と強く思った人か、文科省や教育委員会等から指定を受けた学校か、もともとこういうものに興味関心があった個人の先生あたりしか本格的に取り組んでいないように思います。色濃くやっている感じはしません。教科横断的というところの実態としては、各学年の１年間の教科一覧表を見合って「この教科のここの単元とこの教科のここの単元は関連しているよね。こことここは一緒にできるかも」という感じで、校内研修等を使ってワークショップ的に線を引いて視覚化してやったことにするという感じで終わらせているのが多いのではないかと思います。何もやらないよりは、やったということで価値はありますが、このあたりで終わっていると思います。

菊地　例えば年間計画の、社会科の戦争単元のところに「社会（国語 ヒロシマのうた）」と書いて終わっている感じですかね。低学年はやりやすいですが、高学年は学習内容が抽象的になってきて少し難しいですね。

阿部　なるほど。

菊地　私が今回、本書で紹介したような実践をしたかった理由は、「幅の広い学習」でかつ「大きな学習をしたかった」からです。教科横断的という「幅」もありますが、より実生活の複雑さや物事のつながり合いといった「幅の広さ」も意識していました。大きな学習というのも、自分たちのやっていることが家の人や学校の誰か、社会の中に響くんだという経験をさせてあげたいという思いであり、それで企業との連携ということを考えたわけです。例えば、新聞の学習の時は投書をしたことで、自分が出した声が社会から跳ね返ってくるという経験を子どもたちは何度もさせてもらいました。昨日も投書

を掲載して下さった地元の新聞社が取材に来てくれて、「あの時の授業で、どんなことを学んだの？」というような逆取材がありました。

阿部　後日にそういう出来事があるのは素晴らしいですね。

菊地　はい。投書を読んだ人が、新たに投書を送ってくださったり、子どもたちの投書に、12歳の子が新たに好意的な投書をくれたりしたこともありました（68〜71頁参照）。

阿部　広がっていますね。新聞の投書だから、本名で出ているということですか？

菊地　はい。自分が授業で取り組んだことに対して、社会で生きている人たちからこんなに反応があるんだと実感を得られたことが大きいですね。社会の一員だなという自覚が強まるのではないかと思います。この社会とつながるという「幅の広さ」と影響の「大きさ」というイメージで進めています。

阿部　私は、カリキュラム・マネジメントということを進めていく時に、自分の中に「中心的な何か」を持っていると、他と結びつけやすいと思っています。その「中心的な何か」を便宜上、「軸」と呼びます。軸は考え方かもしれませんし、教科になるかもしれません。安易に考えれば、教科横断的にできそうな教科、低学年だと生活科、中高学年だと総合的な学習の時間ですかね。そして、生活科や総合的な学習の時間から他の教科その他へ行ったり来たりするというのが教科横断的なカリキュラム・マネジメントと考えれば具体的でやりやすいと思います。この軸は別に教科でなくても構いません。つまり私は、**カリキュラム・マネジメントを進める際、何かを軸にして進めるという考え方で現状を整理**していますが、この考え方は現場から見てどう思いますでしょうか。

菊地　現状整理、わかりやすいです。その話に乗れば、私の場合、**軸になるものは「希少性」**ですかね。カリキュラム・マネジメントって、そこの学校でしかできないことと言いますか、学校の独自性を出した方が子どもにとっ

て価値のあるものになると思うんです。自分たちの身近な地域や人に興味を持つことにもなります。例えば、うちの学区には、有名な桜の名所があります。でも、子どもたちの中には平日は学校に通っていますし、土日はスポーツ少年団で忙しく、実は毎年ちゃんとお花見をしないままに過ぎてしまっている子がいることがわかりました。それを知って私は、あそこに集う方々と出会わせたいという気持ちが生じます。教科云々ではなく「希少性」という視点で見ると、地域の良さとして何があるかとか、この場所のこの人にスポットを当てようと最初に私は考えるのです。教科は、後からついてくる感じですね。教科の授業も大切だけど、お花見も大事なんです。地域の魅力ですから。でも、大事だと思いつつ時間を取ってあげられていないなぁと思うわけです。なので、お花見に行って、桜が一番きれいだと感じるポイントを見つけて絵を描こうという授業になるんですよね。次に観光客の方にインタビューをして、この地域についてどんなことを知っていますか？　というやりとりをします。総合的な学習の時間の導入、地元の人が地元についてどれだけ知っているかというインタビューに発展させていくという感じです。その後、近くにある道の駅に寄って、春の旬の野菜を買って、それを家庭科でゆで野菜にして、帰り道でメモを取って国語科で詩を作る、という授業に発展させていきます。つまり、「希少性」、今しかできないもの、ここでしかできないものに、スポットを当てて、それを生かすためにどんな学びができるのか、その学年に相応しい学びにするにはどうするかを考えていくことになりますかね。そうすることで、カリキュラム・マネジメントの形ができるというように考えます。

阿部　それはめちゃくちゃよくわかりますが、抵抗勢力として、花見に行く

時間の時数は削られますし、学力が下がりそうですし、そんなことはしない方がいいのではと考える先生もいると思います。春、桜を見に行くとなると4月のことですよね。すると数日後には、毎年行っている全国学力状況調査があるじゃないですか。特に6年生の場合は、そんなことをやってるよりも点数を1点でも上げるために時間を使ったり、授業をしたりした方がいいと思う先生が多いように思いますけどね（笑）。

菊地　（笑）。全くその通りです。そりゃあ、学力テストの点数は大切だと思います。私のように、いろいろとチャレンジができるのは、校長先生や教育委員会、その他の方々が、予算を獲得してくださるからです。それに応えるためにはしっかりと学力を保障することが大切なわけです。でも、最初の「希少性が大切」という話に戻るようですが、子どもにとって良いとされていることを行うか、子どもにとって良いと実感したものを行うかの違いと私は捉えます。

阿部　菊地さんの中では、稀少性が大切なのは当たり前で、そこはわかっていますよね、という所から話が始まっているように思いますが、稀少性ありきという視点はどういう所から来ているのでしょうか。そのことを納得できない人もいるでしょう。稀少性が大切ということについて、もう少し詳しく説明してもらってもいいですか。

菊地　カリキュラムを工夫し始めた時に考えたことですが、子どもたちがふるさとで学んで、その地域で学んでよかったなという実感を持って外に出て行ってほしいと思ったんですね。学習内容が一緒で教科書に掲載されていることだけを学んでいるのだとしたら、都市部の学校に通っている子どもたちの方が利便性が高く、文化施設等も近くにありますから、いろいろな面で有利ですよね。また、点数で競う学習だとしたら、塾のある都市部に住んでいる子どもたちの方がチャンスが多いわけです。大学受験の準備とかも都市部の方が有利ですよね。でも、地方に住んでいる子どもたちにも都市部の学校

に進学していった時に、今までの生き方に自信を持ってほしいと考えるのであれば、地域や学校の独自性を大事にすることが一つの打開策だと思ったんです。ある時、テレビを見ていたら、過疎が進む自治体での成人式の様子を放映していました。その成人式に地元の商工会や地元の企業の方が訪ねてきて、「地元に就職してください」とお願いする場面を見ました。僕はそれを見た時に、遅すぎると思ったわけです。テレビでは、「都会で就職する人が増えています」とさらりと言っていました。それは多分、都市部と地方で同じ事をやっていて、でも都市部の方がチャンスが多いからと、そちらを選んでいるのだろうと思いました。でも、地方には地方にしかない良さがあります。今は田舎への移住ブームもあり、「この地域にも良さはあるよ」と言ってくださる人も増えていますが、まずは、地元の子に地元の良さをわかってもらった上で、キャリアとか将来の住む場所を選択してほしいという気持ちがあります。自分の学校とか、自分の学んだカリキュラムに自信や誇りを持ってほしいと思うわけです。そこで、地域や時期の稀少性が大切ではないかという考えに行き着きました。

阿部 そこね、私、話を聞いて今、ひらめきました。稀少性という言葉が何かわかりにくかったんですよ。地域独特のものとか地域性と言えばいいのに、どうして菊地さんは、稀少性と言っているのかな、と。でも、私の中では、藤原和博[*4]さんの話と結びつきました。あの方も稀少性という言葉をよく使うんです。子どもたちに向けて、「レアカードになれ」と言うんですよ。自分自身の価値をどれだけ高められるかということなんですね。例えば、イチロー選手は1/1000000の人という稀少性、つまりレアカードかもしれない。でも、私たち凡人がレアカードになるためには、組み合わせを考えればいいというわけです。がんばれば、1/100の料理上手な人になれるかもしれない、

[*4] 藤原和博「10年後、君に仕事はあるのか？～藤原和博が教える「100万人に1人」の存在になるAI時代の働き方」『GLOBIS知見録』https://youtu.be/klqyv7wfm7k

そして、1/100の話が面白い人（芸人）になれるかもしれない。そしたら、料理上手と芸人を組み合わせると、1/100×1/100で、1/10000の話が面白い料理が上手な人というように、レアの価値を高めることができるという話をしています。稀少性、ということに関して、腑に落ちました。菊地さんの例で言えば、地域を語れるようになるといいよ、ということですね。

菊地 語れたらすごいことですよね。地元にはあんなに大きな桜があって、あの子たちにとっては当たり前なんですけど、関東の人たちは何時間もかけて見に来るわけですよ。地域の良さを語れる人って魅力的だなと思っています。

阿部 先ほど、現状整理という言葉を使って私は、「カリキュラム・マネジメントを進める際、何かを軸にして進めるという考え方」という提案をしました。**学級経営に深く関わる価値観を「軸」にして教科領域や生活と結びつけて筋道立てていく**のがいいんじゃないですかね。世の中や社会と矛盾しないものを学校社会に取り入れることを大切にしようと考えている人にとってはピッタリくると思います。

菊地 わかりやすい言葉で言えば「**社会に開かれた**」ですかね。社会に発信をしたり、社会の中ではどのような枠組みで物事が進んでいくのかということを疑似体験したりすることが必要なのでしょう。その視点は学級経営においても大切だということですよね。

阿部 そうかぁ。ここで「社会に開かれた」がくるかぁ。この本は全てのものを網羅することになりますね（笑）。

菊地 私はハンバーガーを例にして後輩に話すことがあります。社会はいろいろな味が入ったハンバーガーだとします。教科ごとの縦割り学習は、全ての材料を確実に食べてもらうために、最初はバンズ、次はトマト、次はレタス……というように、順序よく別々に食べてもらって、「はい。みんな、食べましたね」とします。しかし、実社会では順序性がありません。一口で、パ

クッと食べます。ハンバーガーのおいしさって、この一口の中でいろいろな食材の味が重なって生まれるじゃないですか。僕はできるだけ、このパクッと食べて「うまっ！」という感動が生まれる授業を目指しているわけです（笑）。ですから、実社会を授業で学ぶとしたら、社会で物事が起こる枠組みが中心で、そこにいろいろな教科が入ると話します。

阿部 それは、既存の議論で言えば、系統主義と経験主義とのぶつかり合いに似ていますね。系統主義は順序立てて進め、効率的で、形式上教え漏れ、学び漏れがありません。対し経験主義は実社会に近く、実際にやってみることで、必然性やつながりを学べます。そのため、経験こそが貴重でそこから学んだ方がいいということです。しかし、系統主義の立場から言うと、経験したことしか学んでいないのではないか、経験したことしか興味関心を持たないのではないか、経験しなくても学ぶべきこと、学んでおいてほしいことを知っておくことは大切ではないか、となります。ですから、歴史的には系統主義と経験主義がふりこのように行ったり来たりしているわけです。系統主義、経験主義というフィルターでみる人たちは、私たちがここで話していることから、私たちのことを経験主義側の人とみる可能性がありますね。別に、私たちはどちらかの立場を取っているわけではありませんけど。

菊地 なるほど。そこはじっくり考えていきたい視点です。

阿部 ここの項目をまとめると、私たちは**学級経営的な内容を取り出して「軸」におくことで、いろいろなものをつないでカリキュラム・マネジメントを展開できる**のではないかと主張したいわけです。それぞれの先生が具体的なものをおいていいと思います。この本では実際の例として、**キャリア形成を中心において展開した**実践を紹介しています。

第5章　対談　幸せなライフスタイルを築くために学校教育ができることとは何か

コラボレーション授業という発想

阿部　キャリア形成に焦点を当てて展開していく授業の一つの進め方として、菊地さんは「コラボレーション授業」というものを考え出しましたよね。その経緯を教えてください。

菊地　きっかけは、いろいろな本を読む中で、「スタディサプリ」[*5]の存在を知ったことでした。知識や時には思考法についても、自分が教えるよりも絶対に便利じゃん！　と思ったんです。今後、これに対し、学校の先生たちはどうやって独自性を出していけばいいんだろうと思いました。それで、AIが苦手としている部分で、何か可能性はないだろうかと考え、子どもたちと人を出会わせること、出会いを創るということは先生にしかできないのではないかと思い、「コラボレーション授業」を始めました。子どもたちが授業に臨む姿を見ていると、自分が伝えるのと本物の方が伝えるのでは子どもたちの姿勢が違うことを感じます。何より、子どもたちが社会と向き合い始めました。「将来の夢って何なの？」と聞くと、以前は単なる憧れで、サッカー選手、野球選手というこたえが返ってきました。ゲームを作りたいと言っていた子が、実際にアプリを作っている方の話を聞き、「ゲームを作るなら英語と数学が必要で、コーディング[*6]がどうのこうの……」って言われた時には、その子は、「ちょっと自分は違うかも」と思い始めました（笑）。その後、彼は悶々と考えて、動物が好きだという自分の特性を思い出して、最終的に今は動物園の飼育員になりたいと言っています。「将来の夢がないです」と話していた子は、実際に学級に来て、授業をしてくれた大人が「私は、こういう仕事を通して、みんなを笑顔にしたいと思いました」といった話をしてく

[*5]　株式会社リクルートが提供する「4万本以上の神授業が見放題！」がうたい文句のオンライン動画学習サービス。https://studysapuri.jp/
[*6]　コンピューターのプログラムを作成するための言語であるプログラミング言語を使って、コンピューターに処理させるための一連の命令（ソースコード）を作成すること。

れたことで、「どうやって人を笑顔にできるだろうか」ということを考え始めたようです。その子には、「憧れの職業はなくてもいいかもしれないけれど、どうやって人を笑顔にできるだろうかは、一緒に考えていこうね」と話しています。

阿部 うーん、おもしろい！

菊地 学級経営もそうですけど、担任一人の価値観で子どもの学びを独占してはいけないと思っています。学校だけが、子どもたちの未来にかかわってしまうのは学校の先生にとっては、幸せなことかもしれないですし、楽なことかもしれないけれど、今後の社会はそれでは成り立っていかないと思うんです。最近、以前に増して教育に関心を持つ方は増えているような感覚があります。その中で、多様な学びの機会を提供できる学校と、そうでない学校の格差が大きくなってしまうのではないかと心配です。公立の学校が取り残されはしないかと。

阿部 あえて、突っ込みます。きっかけが AI への対抗というのは面白いですが、子どもと他者を出会わせたい、出会いを創るということは先生にしかできないのではないかという話でしたが、今、男女のマッチングアプリのようなものもありますし、AI の方がある意味、それは簡単にできますよね。趣味、特技、好み、地域、その他の情報を入れておけば、素早く結びつけてくれます。

菊地 うぅん……確かにそうですね。ただ、AI のマッチングはデータ分析によって計算された、個の特性を強化するための出会いです。僕はそれに加えて、やはり偶発的と言いますか、予想できない、複雑な出会いを作れるのは人間の強みだと思います。

阿部 わかりました。**コーディネート**そのものは人間にしかできない感じがしますね。

菊地 **つなぎ役**ですね。例えば、今やっている実践で言えば、テレビ局、子

どもたち、地域の畜産農家、道の駅、ということをコーディネートするのは多分、自分にしか、つまり、人間にしかできないと思います。

阿部 東ロボくん*7の新井紀子さんの本*8は読んだことありますか。この本の中で新井さんは、AIがコンピューターである限り、人を乗り越える時代はやってこないと書いています。コンピューターは三つのことしかできないと言っていて、四則演算のような論理と確率、統計、この三つしかできない。人間だからこそできる「意味を理解する」ことがコンピューターには絶対にできないらしいです。「理解したつもり」はできるらしいんですけどね。確率でマッチングはできるかもしれませんが、もしかしたら、三つ四つ候補が出てきた時に、こちらの方が子どもたちの興味関心が強いだろうし、キャラクター的にどうのこうのだから、こちらの方がいいであろうということは、人間でなければできないかもしれませんね。婚活アプリに関しても登録する時に「私は優しいです」と自己申告することは可能かもしれませんが、本当に優しいかどうか機械には判断できないでしょうし、「優しい」に関してもいろいろな意味があるでしょう。実際の人間が判断しなければどうしようもないことはあると思います。コーディネートの部分は人間がやらなければならないのでしょうね。

菊地 その例で言えば、実は「コラボレーション授業」をお断りしたエピソードがあります。その方はある業界の方で、メソッドがしっかりしていました。高い講座料金を支払って認定講師になられた方のようです。多分、すごいスキルをお持ちで、その業界の界隈では有名な方なんだと思います。ただ、こちらからの「小学校の6年生の授業で、このような時間で、このような難しさでお願いしたいのです」という相談には、「わかりましたけど、その

---

*7　国立情報学研究所が中心となり2011〜2016年にかけて行われたプロジェクト「ロボットは東大に入れるか」において研究開発されたAIの名称。新井紀子さんは、プロジェクトリーダーを務めていた。
*8　新井紀子『AI VS.教科書が読めない子どもたち』東洋経済新報社

時間では足りないですね」という返事をいただき、「私たちのやり方では、それはできません」という返事がありました。これは、学校では難しいなと思ってお断りしました。

阿部　おおっ！　なんだか、素敵なエピソードですね。それは、人でないと対応できません。外部の方が教室に来てくれて、チームティーチング的に進める授業そのものは別段真新しいことではありません。一般的には、外部講師を招いた授業とか出前授業のような呼び方があります。菊地さんがそれに、「コラボレーション授業」と名づけたのはどうしてでしょうか。

菊地　実はヒントをくれたのは、一緒に授業を行ってくれた菅家元志という人物です。

阿部　その人がセンスのある名前を付けてくれたということですか。

菊地　彼は企業経営者なのですが、今、企業に求められていることに三つのCというものがあると教えてくれました。コラボレーション、コミュニケーション、クリエイティビティの三つです。最初に彼を招いて授業を行った打ち上げの席で、「南央の授業には、コラボレーション、コミュニケーション、クリエイティビティの三つが入っているよねぇ」と話してくれたんですよ。それで、コラボレーション授業だ！　と思ったわけです。

阿部　へぇぇっ、そりゃあおもしろい。でも、だったら３Ｃ授業というネーミングの方がぴったりきませんか。三つ入っているわけだから。

菊地　なるほど。そうとも言えますね。

阿部　ということは、その時は三つのＣが入っていたかもしれませんが、その後の「コラボレーション授業」では、三つのＣは入っていないということですか。

菊地　その後も三つのＣは入っていますね。

阿部　まぁ、コラボレーション授業というネーミングの方が今の時代に合った言葉のようには思いますけどね。３Ｃというと何か他にありましたよね？

菊地　カラーテレビ、カー、クーラーですか（笑）。
阿部　そうそう。社会科の授業でね。昭和だ！（笑）。
菊地　（大笑）
阿部　コラボレーション授業では、コラボレーションだけをしていればいいのではなく、三つのC、つまり、**コラボレーション、コミュニケーション、クリエイティビティが入っていることを「コラボレーション授業」と呼ぶ**ということにする、と定義づけしましょうかね。
菊地　はい（笑）。

日常生活の中でのプロジェクト活動という発想

阿部　**日常生活での取り組み**について教えてください。「学級生活向上プロジェクト」（82～87頁参照）という活動をしていますよね。
菊地　はい。
阿部　菊地さんなりに、一般の人に知らせるつもりで説明してください。
菊地　アンケート結果をもとに、学級の課題を見つけ出して、その課題について解決したい人がチームを作り、**課題解決するためのプロジェクトを実験し、改善をくり返しながら取り組んでいく活動**のことです。
阿部　おもしろいですね。この実践は菊地さんご自身で発想したとのことですが、ヒントは企業にあったんですよね。ヒントと実践のつながりを教えてください。
菊地　例えば、郡山市で起業を考えている方や新しいプロジェクトに興味がある方が集まる「郡山プレイグラウンド」というコミュニティがあります。そこには、小さいことでいいから行動してみよう、上手くいったら続けてみようという志の方々がいます。中には、連続起業家の方もいます。
阿部　起業って、フィンランド式の教育っぽい感覚ですね。おもしろいな

ぁ。それで、プレイグラウンドの話し合いの進め方が、この学級の取り組みに似ているということですか。

菊地 いえ。どちらかというと、そこに集まってくる起業家の方々の考え方が似ているということです。例えば、学級活動で「自分はこの課題を解決したい」という子がいたとしても、一つの議題を全員で話し合う一般の学級活動では「あなたはこの課題を解決したいのね。でも、多くの子がこちらをやりたいと言っているから、今日はこっちでいい？」といった感じになってしまいます。すると、学級活動の始まりから、その子はテンションが下がってしまいます。議題の決め方って、他の先生方はどのようにしているのかわかりませんが、なかなか民主的になりませんよね。多数決の原理が絶対に働きます。

阿部 そうですね。

菊地 多数決で本日の議題を一つに決めてしまうと、個人のパワーが半減してしまう気がします。「私はこれが課題だと思っている。私はこれに全精力を尽くしたい」と思っている子たちに、それぞれ別個に取り組んでもらった方が効率的だと思います。全員で一つのことを話し合って、あなたはこの課題に思い入れはないかもしれないけれど、全員の話し合いで決まったことだからあなたも含めて、みんなでこの課題をやろうとしても、そんなに爆発力がないだろうなと思うわけです。

阿部 この「学級生活向上プロジェクト」は、PDCA サイクルで回っているんですよね？　周期はどうですか。

菊地 1ヶ月です。1ヶ月ごとに**「学級生活向上プロジェクト会議」**（以下、プロジェクト会議）がある形になっています。

阿部 1ヶ月後に、活動を継続する、しないが話し合いの中に入ってくるというわけですね。

菊地 はい、そうです。

阿部 また議題によってその都度、構成人数も変わるとのことですが、そこでの話し合いの形はどんな感じですか。

菊地 非構成的ですね。子どもたちに任せています。

阿部 多くの先生が話し合いを構成的に進めていると思いますが、それは先生のコントロール欲求の高さもある一方で、他に、場の公平性や平等性、子ども同士のパワーバランスを上手く確保するという意図もあると思います。この辺り、菊地学級ではどのように考えていますか。

菊地 極めて非構成的なんですよね。というのも、最終的にプロジェクトになっていきますから、もし意見の強い子がいたとしても、その意見の強さに比例した責任をその子は負うわけです。であれば、意見の強い子がいてもいいと思っています。**「裁量と責任は、つねにセット」**と、子どもたちには言っています。以前は学級活動の話し合いの場面で、学級の一員にも関わらず、「みんながこうしてくれればいいのに」という立場をとる子がいました。だから、解決しないのです。「みんなにこうしてほしい」。つまり、人ごとなんですよ。でも、この「学級生活向上プロジェクト」の活動は、プロジェクトに自ら責任を持って参加し、課題を解決していく道筋をたどります。自分で言ったことに自分で責任をとることが必然になるわけです。

阿部 すごくわかります。責任という言葉がキーワードですね。中島義道さんは、著書『＜対話＞のない社会』[*9]の中で、「日本には責任を取らない人間が多い。責任を取らない人間が多すぎるから対話が成り立たない」と書いています。裁量と責任はセットというのも納得ですが、中島さんの論で言えば、**対話と責任はセット**という感じですね。いかに当事者意識を持たせるか、ですかね。

菊地 はい。そんな感じですね。

阿部 とてもよくわかる話なのですが、あえてちょっとツッコミますね。私

---

*9　中島義道『＜対話＞のない社会』PHP新書、1997年。

が普段出ている会議などを思い浮かべて話をします。私は会議では、ほとんど発言をしません（笑）。菊地さんの話からすると、責任を負わない私という構図になります。責任を負うのは嫌だという人間は最初から最後まで発言をしないまま過ごすのです。私みたいな人間ってどこにでも一定数いるように思うのですが、そういう子に対してはどのようにするのでしょうか。それはそれで良いという判断ですか。

菊地 今の段階では、学級生活を肯定的に感じていない子ほど、学級に対する課題をたくさん持っています。学校の決まりについて「嫌だ」という子ほど発言します（笑）。一方で、あまりこだわらない子もいます。そういう子はあまり発言はしませんが、「それは嫌だなあ」とつぶやきますからねぇ……。

阿部 この集団とだったら、責任を負う、分担してもいいという思いが強くなると、責任と裁量はセットだよということが心の中に入りやすくなりますかね。つまり、私はこの集団の仲間として入っているから話しやすいという感じです。「君の責任だよ」と言われると、構成する集団によっては突き放された感覚になりそうです。「言い出しっぺのあなたが全てやりなさい」みたいだと、だったら最初から言わない方がいいやという感じになる恐れがあります。**温かさの中での責任分担**だとやりやすくなると思います。これに関してどうですか。

菊地 基本は、自分が解決したい課題と言いながらも、二つあげてもらって、3人以上のチームを作って解決に向かいます。主体性が先か責任が先かって、鶏と卵の問題に似ていると思うのですが、両方ちょっとずつ教室の中で育むものなのかもしれません。自分もこの学級の主役なんだなと思うから、責任を取ろうと思えることもありますし、その責任に対して成果が上がってみんなが喜んでいるのを知ると、自分はこの学級にいてよかったなと感じていくこともありますよね。ですので、できたばかりのプロジェクトは安心して失敗・改善できるようにします。最初の1ヶ月は、アンケートで終了を選

択することはせず、改善のアイデアをもらうことにしています。学級の役に立ちたいという思いを具現化できることが、次のチャレンジにつながると思うからです。

阿部 プロジェクトという言葉を使っていますが、各チームでどのように1ヶ月を過ごすかといった計画と提案を発表することが、プロジェクト会議の一つの終着点になるわけですか。

菊地 はい。

阿部 具体的には、誰（どの子）がどうするといった役割分担も計画には書くのですか。

菊地 そうですね……例を示して話しますね。本校には「大切にしたい5つのこころ」（97頁参照）というものがあり、これは大事だよねということで、毎朝読み上げようというプロジェクトが過去にありました。その後、その内容を6年生バージョンに改めようというプロジェクトが立ち上がり、6つ目の大切にしたいこころを考え、現在はそれを普及する活動をしています。このように、日々の中にちょっとした変化が加わるだけなので、役割分担がはっきりされてないプロジェクトもたくさんあります。

阿部 1ヶ月試行するということは、1ヶ月後にはこのプロジェクトは上手くいっていたかという省察の時間と新しいプロジェクトを立ち上げる話し合いがあるわけでしょ。

菊地 そういうことです。

阿部 45分でそれは可能なのですか。小さなプロジェクトの塊だから可能なのかな。

菊地 前の週に取ったアンケートの結果を、次のプロジェクト会議の時までに集計しておきます。それを子どもたちに提示します。子どもたちは10分ほどでその結果を読み、今月の方針を考えるわけです。結果はアンケートに出ているので、ここでは微調整するだけです。残り35分は新しい課題の話で

す。新たな課題を出して、どの課題に取り組みたいかを考えて、意思表示してもらって新チームを作ります。これが5分くらいですね。残り30分で、「では、新しいプロジェクトについて考えてください」という形になります。

阿部　すごいですねぇ。なるほど。

菊地　**日常生活での取り組みの発想**として、もう一つ話したいことがあります。「**ピッチイベント**」のことです。自分のプロジェクトについてのアイデアを多数の聞き手に投げかけて、それについて話し合いたい人が集まって話し合い、発表した人にそのアイデアを還元するというイベントです。僕はそれに参加したことがあり、自分でもおもしろさを実感し、アイデアについて話をしたい人たちが集まるという仕組みは、学級活動でも盛り上がるだろうなぁと思ったわけです。

阿部　「ピッチイベント」というのは私が知らないだけで、有名なのですか。

菊地　今は結構有名です。一番有名なのは、鎌倉で行われているカマコン[*10]での取り組みですね。カマコンは、カマコンバレーの略称のようです。

阿部　シリコンバレーとかけているのですね。

菊地　面白法人カヤックのCEO柳澤大輔さんが、鎌倉の町をどうやって盛り上げようかと考えていた時に発想したそうです。今では、各地で広がり始めているようです。

阿部　ピッチってどういう意味なのですか。

菊地　pitch（投げる）と表記し、詳細なプレゼンテーションと違って、要約を提案する時に使う言葉みたいです。

阿部　へぇ。**ピッチイベントと起業家の考えとが菊地さんの頭の中で上手く絡み合ってできたのが菊地さんの日常生活での取り組みといっていいわけですね。**

---

*10　鎌倉に拠点を置く複数のIT企業を中心に始まった、鎌倉をよくしたいという人を応援するための活動。http://kamacon.com/

菊地 はい。PDCAのスパンを短くしたいという欲求があって、それをつきつめたら、今の日常生活での取り組みができあがったという感じですかね。

キャリア形成に向けて

阿部 文部科学省が**キャリアを形成していく力を重視**していることは、**学習指導要領改訂の経緯やSciety5.0**などを鑑みてもわかります。ところが現場に目を移すと、研究指定校などを除いては、キャリア教育を自分の学校教育観の中心に据えている人ってあまり見たことがありません。その点でも、菊地さんは、稀少性がありますよね（笑）。面白い存在です。きっかけを教えてください。

菊地 一番のきっかけは以前、東京の原宿で鈴木優太さん（宮城県公立小学校教諭）、田中光夫さん（フリーランスティーチャー）、藤原友和さん（北海道公立小学校教諭）、柳下記子さん（学習支援室グッドイナフ室長）たちと行ったイベントです。その時、北海道函館市定時制高校の長澤元子さんの発表がありました。「定時制の高校で大切なことは、幸せな人生を送れる**納税者を育てること**なんです！」という話に衝撃を受けました。世の中で幸せに生きていき、かつ納税できる人を育てるということに対して、小中の先生よりも課題意識が強いということを聞いて、あちゃ〜と思いました。行き着くところをきちんと持たないといけないと感じたわけです。

阿部 あぁ。高校では、18歳からの選挙権と絡めて主権者意識を育む主権者教育が最近では盛んだと思いますが、その主権者とは微妙に異なるかもしれませんね。

菊地 長澤さんの話の中で「皆さんのお給料、税金ですよね」と言われた時に、ああっと思ったんです。そこではまず「納税ありき」ではなくて「社会で幸せに生きていくための納税なんです」と説明を加えていましたけどね。

阿部　幸せに生きるが強すぎると「主権者」が前面に出るのかもしれませんが、きちんと仕事に就くなどの「しっかり」という面が納税者意識で強調されますかね。

菊地　私の学び手としての経験を振り返っても、18歳までにきちんと職業を考えるような授業を体験したことがあったかと言えば、お世話になった先生には申し訳ないですが、あまりありませんでした。でも、これって一番大切なことじゃないかと思ったんです。これを授業で取りあげなかった自分は何をやってきたのだろうと思いました。義務教育の怠慢だと感じました。

阿部　なるほど。その省察がもとで、今の授業に結びつくのだと思いますが、「コラボレーション授業」と石川晋さん（元北海道公立中学校教諭）の実践からヒントを得た「大人トーク」を小学校現場で行うことがより良いと考えたわけですね。

菊地　そうです。**カリキュラム・マネジメントをすることによって、教科授業そのものがキャリア教育になっていく**という考えですね。すると、授業を通して、学んだことを使って、いかに社会の役に立てるだろうかと考えることができるようになります。また、子どもたちには、自分が今、学んでいることが将来、人を幸せにし、その対価として給料をもらうことにどうつながっていくかを、教科の授業でも考えてほしいと思っています。

阿部　最初に教科ありきではないと話していましたが、そことつながっていますね。学校で学習することは、社会に出た時に役立つためのもののはずですからね。子どもたちからすれば、「国語って、社会って、実社会に出たら何の役に立つんですか」といった疑問があり、役立つこと至上主義みたいなところがありますが、**学校教育そのものがキャリア形成を育むものと考えていくことでリフレーミング（別視点での見直し）していくことが大切**だろうという呼びかけになる気がします。新学習指導要領等には、多くの頁に「社会の形成者として」という言葉が入っています。もちろん、キャリアという言

葉もよく目にします。それを単なる建前ではなく、実質的なもの、実際にやってみましょうといった時、一つのモデルとして、今回の菊地さんの考え方、授業モデルがありますと提示できます。現時点での試行ですね。皆さんにもぜひ参考にしてもらって、私たちを乗り越えてもらえたらうれしいですね。もちろん、菊地さんには今後も新しいことにチャレンジしていってほしいと思います。今回はありがとうございました。

菊地　ありがとうございました。

おわりに

　私が福島県公立小学校教員として採用されたのは、2010年度のことです。新卒で、6学年を担任させていただきました。しかし、翌年の3月11日に東日本大震災が発生し、私が初めて送り出した卒業生たちは、卒業式ができませんでした。2年目は、震災後の混乱の中で学校が再開し、何とか日々をやり過ごす毎日でした。

　そんな中、ふと学校の外に目を向けると、たくさんの同世代の方々が福島の復興に正面から立ち向かっていました。これまでの価値観を問い直し、社会をより良くするとはどういうことなのかを考え直し、自分のできる課題解決に取り組んでいました。その様子を見て私は、「今の学校教育は、本当に社会に貢献できていると言えるのだろうか」と、自分の足元を見つめ直すことになりました。思えば、本書で紹介した実践の始まりは、あの時だったのかもしれません。

　学級経営が主役のカリキュラム・マネジメントと、教科授業の中で行うコラボレーション授業。改めて、私はこの二つの提案に、学校教育が再び社会に貢献するための大きな可能性を期待しています。時代とともに、学校に求められることが変化していると言われます。細部はそうかもしれませんが、幹となる部分に大きな変化はありません。それは、10年後20年後の社会の中で、幸せな生活を送ることのできるライフスタイルの提案です。

　詰め込み教育やゆとり教育と称される教育改革も、子どもたちのその後の生活を豊かなものにするために、大人たちが導き出した提案だったはずです。しかし現在、学校は社会に対して何を提案しているのでしょうか。私には、児童や保護者の多様化する価値観に対して、ほどほどの、当たり障りのない、受動的な教育活動が増えているように見えます。このままでは、学校は社会から見限られ、教育そのものの価値がないがしろにされかねません。

だからもう一度、学校は社会に対して、教育を通して貢献していく仕組みを作っていかなければなりません。子どもたちに、10年後20年後のライフスタイルを提案し、必要な力を養っていくのです。そのために、まず私たち教員が自身を社会に開いていきませんか。異業種の方々と協働し、教員自身が学びながら、社会に開かれた教育を作り上げていくのです。そして、多様化した価値観に対しては、当たり障りのない価値観を提供するのではなく、多様性との出会いを児童に提供するのです。この考えは、授業づくりに限られたものではありません。子どもたちは、たくさんの人に出会い様々な価値観にぶつかり跳ね返される中で、自分のアイデンティティを形作り、多様性への感度を養っていきます。それこそがこれからの時代に求められ、学校教育が率先して社会に提供できるライフスタイルなのではないでしょうか。

　そう考えた時に、学校生活のほとんどの時間を費やす授業カリキュラムの軸に、生き方・考え方を据えることが必然となるでしょう。本書での提案に対して志を同じくし、皆さんと情報を共有しながら実践することができれば光栄です。

　本書は、私の名前を冠した初めての著作です。この機会を作っていただいた、共著者の阿部隆幸さんに心から感謝いたします。また、学事出版の加藤愛さんには、不慣れな執筆を支えていただきました。ありがとうございました。さらに、これまで多くの方々にご協力いただいてコラボレーション授業に取り組んできました。皆様に、感謝いたします。

　最後に、本書執筆中を陰ながら支え、応援してくれた妻と両親。そして何より、これまで私にたくさんのことを教えてくれた子どもたちと理解してくださる保護者、同僚の皆様に感謝を述べて締めくくりとしたいと思います。ありがとうございました。

2019年1月　菊地南央